Anonymous

Kurze Beleuchtung der von dem regierenden H. Grafen zu Wied-Runkel

bei der höchsten Reichs-Versammlung übergebenen sogenannten Geschichts-Erzählung

Anonymous

Kurze Beleuchtung der von dem regierenden H. Grafen zu Wied-Runkel
bei der höchsten Reichs-Versammlung übergebenen sogenannten Geschichts-Erzählung

ISBN/EAN: 9783743640047

Hergestellt in Europa, USA, Kanada, Australien, Japan

Cover: Foto ©ninafisch / pixelio.de

Weitere Bücher finden Sie auf **www.hansebooks.com**

Kurze [illegible]tung

von dem regierenden [illegible] Grafen zu Wied-Runkel bey der höchsten Reichs-Versammlung übergebenen sogenannten

Geschichts-Erzählung

nebst dargethaner Nothwendigkeit und Rechtmäßigkeit des Recurses,

in Sachen

des Herrn Prinzen von Oranien und Fürsten zu Nassau

contra

den eben benannten Herrn Grafen.

Mandati S. C. &c.

Mit Anlagen Lit. A. bis L.

Gedruckt zu Herborn in der Akademischen Buchdruckerey
mit Brücknerischen Schriften.

§. 1.

Die in rubricirter Sache bey der allgemeinen Reichs-Versammlung unter dem 21. Aug. 1784. ad Dictaturam gebrachte sogenannte Geschichts-Erzählung, nebst dargethaner Nothwendigkeit und Rechtmäsigkeit des genommenen Recurses, gibt abermals eine Probe eines mißbrauchen wollenden Recurses gegen ein Reichsgerichtliches Erkänntnis in einer Sache an den Tag, wo an Erhaltung des Besitzstandes der zu gewissen bestimmten Kirchen-Lehr- und Schul-Anstalten gestifteten Einkünfte, gegen die thätliche Vorschritte eines Gräflichen Landesherrn, die Frage ist, und wo der letztere, bey Gelegenheit des aufgehobenen Jesuiten-Ordens, sich die von dem Jesuiten-Orden, blos in Absicht jener geistlichen Verrichtungen, stiftungsmäsig inne gehabte, in den Gräflichen Landen gelegene, Güter, Renten, Zehnden, Waldungen u. d. gl. auf allerhand zu Recht unbeständige Art gern zueignen wollen.

Blos allein theils verheimlichterweis, theils gewaltthätig zu verändern bezweckter Besitzstand, auch absichtsmäsig, doch gesetzwidrig gestörte, zu Kirchen-Lehr- und Schul-Anstalten vor Jahrhunderten erfolgte, und auch so lange ruhig in ihrer völligen Existenz verbliebene Stiftungs-Anstalten waren demnach der alleinige Entscheidungs-Grund desjenigen gerechtesten Reichsgerichtlichen Erkänntnißes, welches die ungesäumte Herstellung und die fundazionsmäsige Verwendung der thätlich entzogenen Einkünfte befiehlet; welches also der Anordnung der höchsten Reichsgerichte entspricht, aber auch natürlich demjenigen, welcher sich alles erlaubt hält, und auf alle Art der Gerechtigkeit auszuweichen trachtet, nicht gefallen kann, in vorliegendem Fall also das gegenwärtige Recurs-Gesuch veranlasset hat.

§. 2.

Fürstlich Oranien-Nassauischer Seits ist man weit davon entfernt, dieser allgemeinen Reichs-Versammlung mit einer weitläuftigen Widerlegung jenes Gräflichen impressi beschwerlich zu fallen; jetzo hoffet man, die gegenseitige unerlaubte Absicht genugsam zu vereiteln, wenn man, mit Vorbeygehung aller jenseitigen, sämtlich irrelevanten, meistens aber auch geschichtswidrigen weitläuftigen Anführungen, nur in möglichster Kürze die hier einschlagende wahre Geschichte, und damit den eigentlichen statum causæ, zugleich auch die Unzuläßigkeit des in dieser Sache zum Mißbrauch dienen sollenden Recurses selbst, nebst der Unstatthaftigkeit der mit so vieler schmähenden Beleidigung des höchsten Reichsgerichts vorzubilden sich nicht entblödeten sogenannten Gravaminum statuum communium, diesem ganzen allgemeinen Reichs-Conseß vor Augen leget, und dadurch die ungerechten Absichten des gegenseitigen Verfechters, und auch dieses dem Publico zur unbefangenen Erwägung stellet, auf welchen aller Ordnung widerstreitenden Nebenwegen derselbe seine widerrechtlichen Absichten gleichsam zu erzwingen suche, wenn er nicht nur bey dem höchsten Reichsgerichte gegen die in Frage stehende rechtliche Erkänntnis das Remedium Revisionis und die Restitutionem in integrum — zwey ihrer Natur nach sich entgegen laufende Rechtsmittel — sondern auch, ehe er noch einmal bey einem derselben die Entscheidung abgewartet hätte, an diese allgemeine Reichs-Versammlung anmaßlich den Recurs gewaget hat.

§. 3.

Um nun zur Sache selbst zu schreiten, so ist zwar die Geschichte des ehemaligen Klosters Beselich hier gar nicht einschlagend, wie aus demjenigen, was hiernächst gesagt werden soll, sich des mehreren zu Tag legen wird, mithin kann es gleich viel gelten, was der Gegentheil desfalls dahier erzählet; nur ad §. 2. und 3. will man, gleichsam im Vorbeygang, den gegenseitigen Verfechter an sein

sein Gedächtnis erinnert haben, wenn er in §. 2. behauptet, es hätten die Grafen von Diez und die alten Dynasten von Runkel schon vor dem Jahr 1163. und 1197. das Frauen-Kloster Beselich gesamt gestiftet; denn, daß dieses geschichtswidrig sey, zeigt er selbst gleich, wenn er in §. 3. gesteht, daß Runkel erst im Jahr 1375. nebst andern auch in diesen Gegenden von den Grafen von Diez, die in der Beylage Nro. 1. bemerkte Acquisizion erhalten. Dieses wird ihn also wohl überzeugen, daß sein erster Satz seiner eigenen Behauptung widerspreche. Doch, wie gesagt, das Kloster Beselich kommt jetzo in keine Considerazion, und man hat also nur gleich im Anfang jenseitiger Handlung einen der Geschichte so offenbar zuwiderlaufenden Satz bemerken müssen, um in dem Verfolg den geneigten Leser ausser Verwunderung zu setzen, wenn dergleichen Absprünge von der wahren Geschichte vielleicht mehr bemerkt werden solten.

§. 4.

Dieses vorausgesetzt, ist also hier, wie gesagt, gar keine Frage von einem ehemaligen Kloster Beselich, sondern von der von Weyl. Grafen, nachhero Fürsten Johann Ludwig zu Nassau-Hadamar — wie unten vorkommen wird — zu Haltung des Gottesdienstes in der Stadt Hadamar, auch zu Lehr- und Schul-Bestellungen daselbst und auf dem Lande, gestifteten Jesuiten-Residenz zu Hadamar. Weil jedoch die Geschichte des erstern auf den Ursprung der letztern einige Beziehung hat, so muß man, zwar mit Vorbeygehung alles jenseitigen weitern Geschriebs, auch ein für allemal mit der angehängten Reservazion, durch etwaiges Stillschweigen nichts, zumal verfängliches, eingeräumet zu haben, doch nur kürzlich in facto anführen, wie die schon vor 1163. zu Beselich erbauete, dem Prämonstratenser-Orden zu Arnstein als ein Frauens-Kloster um gedachtes Jahr offerirte, Kirche und Kloster unter dem Gebiet der damaligen ältern Grafen von Diez gelegen gewesen, in dem Jahre 1375. aber, nach dem von der Gegenseite Nro. 1. annectirten Vergleich zwischen Diez und Runkel, dahin verglichen worden, daß gedachte Herrn Grafen von Diez denen von Runkel die beyden Centen Schuppach und Amenau mit ihren Dörfern, samt Endrich, Hoben, Steden und Oberdiefenbach, zwar abtraten, doch musten die Grafen von Runkel solches alles von den Grafen von Diez zu Lehn empfangen, und dann behielten sich die Grafen von Diez zugleich den Eigenthum über das Kloster Beselich bevor. Es scheinet, da viele zu diesem Kloster schon vor dieser Uebergabe gehörige Gefälle in den an Runkel sub nexu feudalitatis abgetretenen Ortschaften gelegen, daß die letztern zu den Reformazions-Zeiten dazu schon grose Lust bezeigt haben, wenigstens, als in dem Jahre 1612. die nunmehrigen Grafen von Nassau, als Nachfolger der ältern Grafen von Diez, als Landesherrn und Eigenthümer solchen, inzwischen ganz eingegangenen, Klosters, den Besitz davon ergreifen ließen, so wollten die Grafen von Runkel die durch jenen Vertrag unter ihre Botmäsigkeit gekommene klösterliche Renten nicht abfolgen lassen, welches den ex adverso sub Nro. 2. beygelegten Vergleich de 1615. veranlaßete.

§. 5.

Nach diesem Vergleich werden a) die Grafen von Nassau als der Herrschaft Runkel Lehn- und des Klosters Eigenthums-Herrn erkannt; Runkel muß b) die von Zeit der Nassauischen letzten Besitzergreifung 1612. bis dahin vorenthaltene Güter und Renten erster Tagen dem Nassauischen Secretarius Sprenger in das Kloster — das Nassauische Eigenthum — abliefern, und darf c) keinen Eintrag mehr thun, vielmehr d) soll es alle nach Runkel geflüchtete, zum Kloster gehörige, Briefschaften ebenwohl an gedachten Secretarius in das Kloster extradiren. Die Grafen von Nassau entschliesen sich aber, dieses Kloster in ein Hospital zu verwandeln, die dazu erforderliche Hospitals-Verordnung zu errichten, auch die Direkzion über die Gebäude und dergleichen zu führen.

Dieser von Nassau, als Landes- und Eigenthums-Herrn des Klosters, oder des daraus zu errichtenden Hospitals, vorzuschreibenden Verordnung sollen alle in dasselbe aufzunehmende Personen sich sträklich fügen, und Nassau soll den Hospitals-Meister für sich bestellen. Nur wird den Grafen von Runkel gestattet, aus dem Runkelischen so viele Personen in sothanes Hospital zu bringen, als aus der Nassau dahin gebracht werden, und in diesem Betracht soll der Verwalter, in Ansehung seiner Rechnung, mit unter den Runkelischen Pflichten stehen.

§. 6.

Dieses Nassauische Hospital kam auch zu seiner Existenz. Man will jetzo ex actis nicht hier wiederholen, wie Runkel selbst im Jahre 1623. dasselbe eigenmächtig und gewaltsamerweis gestöret, auch die darin damals nur noch gewesene zwey Pfründner manu militari daraus wegführen lassen; wogegen Nassau-Hadamar unter dem 14. May 1624. ein Kaiserliches Mandat auf die Pfandungs-Constituzion extrahiret hat. Es erreichte ohnehin dieses Nassauische Hospital in dem Jahre 1628. auf eine ganz andere Art seine Endschaft. Denn in eben besagtem Jahre ließ, auf Kaiserlichen Befehl, der Prämonstratenser-Orden durch den Abt und Commissarius Wilhelm Gruterus von jenem ehemaligen Kloster de facto Besitz nehmen, und dieser setzte unter dem 15. Sept. d. a. den Religiosum ordinis Wilhelm Eschenau nach Beselich, um sowohl in spiritualibus, als temporalibus, seine ergriffene Possession zu continuiren. Dieser Religiosus wendete sich, mittelst Schreibens, an Weyl. Grafen Johann Ludwig zu Nassau-Hadamar, als Landesherrn jenen Klosters, und ersuchte denselben, seinen Bedienten aufzugeben, ihn nicht zu turbiren; dem Keller aber, ihm den nöthigen Unterhalt zu verschaffen. Obzwar der Herr Graf sich hierzu nicht verstehen wollte, so sahe er sich doch, auf wiederholte Instanz des Religiosi, an ihn die zum Kloster gehörige Briefschaften abzugeben, gezwungen, unterm 2. May 1629. in einer Antwort sich dazu, unter dem Vorbehalt, bereit zu erklären: **daß der Orden, samt dem Kloster Arnstein, ihm und seinem Nassau-Catzenellenbogischen Haus an seinem Eigenthum des Klosters Beselich, immaßen es vor länger, als drittehalb hundert Jahren, seines Hauses Nassau Eigenthum gewesen, desgleichen seiner temporal, oder weltlichen, und Landesherrlichen Obrigkeit des Orts keinen Eintrag, Abbruch, oder Hinderniß zuzufügen begehre.** Wie denn auch unter dem 7/17 Junius d. a. auf solche Art die Uebergabe würklich geschahe. Da man Gräflich Runkelischer Seits, diesen ganzen Passum seinem Impresso aus den Cameral-Acten beyzufügen, nicht rathsam gefunden, so hat man solche aus den Supplicazions-Beylagen hier sub A. B. C. und D. zu Vollständigmachung der Geschichte, anzufügen nöthig erachtet. A. B. C. D.

§. 7.

§. 7.

Nunmehr hatte das, nach dem Vergleich de 1615. errichtete, Nassauische Hospital Beselich sein ganzes Ende; und der Prämonstratenser-Orden hatte, auf Kaiserlichen Befehl, den damaligen Reformazions-Zeiten nach, das Kloster wieder herstellet; mithin fallen von nun an alle Fragen von einem ehemaligen Beselicher Hospital weg; niemals hat sich auch Runkel in den Sinn kommen lassen, nach dem Westphälischen Frieden deshalb gehörigen Orts einige Ansuchung zu thun. Auf der andern Seite aber scheinet Graf Johann Ludwig von Nassau-Hadamar jenen Vorschritt des Prämonstratenser-Ordens sich, als Eigenthümer und Landesherr, desto stärker zu Gemüthe geführet zu haben, wozu ihn vermuthlich seine im Jahre 1629. erfolgte Religions-Veränderung die beste Gelegenheit, und auch wohl die nachdrücklichste Aßistenz, an Hand legte. Denn, als er gegen Ende 1629. die katholische Religion annahme, auch in seinen Hadamarischen Landen alsbald den öffentlichen damaligen reformirten Gottesdienst sistirte, hingegen zu Ausbreitung der katholischen Religion alle Sorgfalt verwendete, so bediente er sich zu dem Ende vorzüglich einiger nach Hadamar gezogenen Jesuiten. Da diese vermuthlich hierbey auch ihren Nutzen gesucht, und Belohnung für ihre Mühe verlangten, so mag wohl gedachter Herr Graf von Nassau schon bald im Anfang die Absicht geheget haben, dem Jesuiten-Orden in seiner Stadt Hadamar durch Stiftungen einen Sedem fixam zu procuriren, um durch deren Lehr- und Predigt-Amt seinen Endzweck um so leichter zu erreichen. Schon sekularisirte Klöster und Stifte befanden sich zwar zu der Zeit verschiedene in der Nassau: zu Diez, Thron, Gnadenthal, und sonsten; weil aber solche in der 1606. erfolgten Bruder-Theilung seinen übrigen Herrn Brüdern in deren Landes-Antheil zugefallen, so sahe er leicht die Schwierigkeiten, die er finden werde, dieser zu seinem Endzweck sich bedienen zu können. Er muste also sein Haupt-Augenmerk auf dieses, unter seiner Landes-Hoheit gelegene, ihm eigenthümlich zustehende Kloster Beselich richten.

Da bey den damaligen turbulenten Zeiten, theils wegen Unvermögen der Porrectoren, theils auch wohl wegen von Runkel nicht geleisteter Rechtshülfe, von diesen zu dem Kloster Beselich gehörigen, in dem Runkelischen gelegenen, Renten viele von vorigen Zeiten unabgeführt rückständig waren, so extrahirte er einstweilen unter dem 20. Aug. 1630. gegen Runkel das in actis

came-

Cameralibus beygebrachte, hier sub E. annectirte Kaiserliche Mandat, daß alle solche Rückstände an ihn sollten abgeliefert werden. Er wendete sich nicht weniger an den Päbstlichen Stuhl, um die Erlaubnis zu erhalten, zu Fundirung der bey ihm ad pia officia einzuführen gesonnenen Jesuiten, und deren Aufenthalts, ausser jenen in den Händen seiner akatholischen Herrn Brüder und Agnaten noch befindlichen Klöstern und Stiftern, auch hauptsächlich das von dem Prämonstratenser-Orden besitzende Kloster Beselich und dessen Revenüen verwenden zu dörfen. Auch hierbey reüßirte er, und erhielte das unter der Beylage Lit. H. angedruckte Breve apostolicum vom 12. April 1631. In Gefolg dieses erwirkte er also, mit Hülfe des Erzstifts Trier, daß schon in demselben Jahre gegen den Prämonstratenser-Orden auf alle Revenüen des Klosters Beselich der Arrest erkannt, dem sich daselbst aufhaltenden Mönch also alle Lebensmittel abgeschnitten worden, wie solches das sub Lit. F. annectirte, in actis Cameralibus schon inducirte, bey dem Kaiserlichen Reichshofrath unter dem 20. Jul. 1631. von dem Abt zu Arnstein übergebene, Beschwerungs-Schreiben des mehreren verificiret. E. F.

Inzwischen mag sich dieser Mönch doch, dem Ansehen nach, zu Beselich soutenirет haben bis gegen das Jahr 1637., massen nach der Anlage Lit. G. Weyl. Graf Johann Ludwig zu Nassau-Hadamar unter dem 28. Jan. 1637. den sich bis dahin bey ihm aufgehaltenen Jesuiten durch eine solenne Urkunde unter andern auch das Kloster Beselich mit allen seinen Pertinenzien zur völligen Administrazion übergeben hat. Der Herr Graf erhielte unterm 17. May 1638. von dem Päbstlichen Nuntius die Execuzions-Urkunde auf das schon oben inducirte Breve apostolicum Lit. H., und die Jesuiten ergriffen von dem Kloster Beselich und dessen Pertinenzien unterm 3. Jul. 1638. die ganz solenne Possession, nach der in actis Cameralibus schon producirten jetzigen Beylage Lit. H. G. H.

§. 8.

Nunmehr hatte also auch der §. 6. erneuerte Besitzstand des Prämonstratenser-Ordens seinen Terminum fatalem. Die Jesuiten übernahmen, Namens ihres Fundatoris, als Eigenthümers, unter Kaiserlicher und Päbstlicher Autorität, nicht von einem ehemaligen, schon 1628. in sein Nichts verwandelten, Hospital, sondern von dem bis jetzo herstellt gewesenen Prämonstratenser-Kloster

Beselich

Beselich die Administrazion und Besitz. Runkel hat sich nie einfallen lassen, dagegen einige Beschwerde zu führen; hat im Gegentheil in actis Cameralibus documentirtermaßen sich toties quoties anheischig gemacht, ihre Unterthanen zu richtiger Lieferung der Renten, Pächte und sonstiger Præstandorum an die nunmehrigen Administratoren solchen ehemaligen Klosters, die Jesuiten zu Hadamar, anzuhalten. Der desfalls ausdrücklich 1644. ge-
I. troffene Vergleich in der Anlage Lit. I. wie solcher in actis Cameralibus ebenwohl induciret ist, mag einstweilen jetzo dazu genug seyn, daß sich darin Runkel verbindlich macht, den Jesuiten zur wirklichen Zahlung **aller in dem Runkelischen rükständigen Pachtungen und Gefälle** ohne Aufenhalt zu verhelfen.

§. 9.

Nach der oben inducirten Anlage Lit. G. hatte zwar Weyl. Graf Johann Ludwig zu Nassau-Hadamar in dem Jahre 1637. unter andern auch dieses Kloster Beselich cum pertinentiis den Jesuiten zu Hadamar zur **Administrazion** übertragen, er sahe sich aber damals noch nicht in dem Stande, für diesen Orden ein ordentliches Collegium zu formiren, da die den Jesuiten zur Administrazion übergebene Gefälle sowohl, als besonders das Kloster Beselich cum annexis, als ein gemeinschaftlich-Nassauisches Eigenthum von des Herrn Grafen Herrn Agnaten angesehen wurden, worüber er allein nicht disponiren könne. Nach dem Westphälischen Frieden kam also zwischen dem Herrn Grafen von Nassau-Hadamar und dessen protestantischen Herrn Agnaten diese Sache bey der Friedens-Execuzions-Commißion in Discußion, und das Kloster wurde daselbst inter restituenda in tribus mensibus lociret. Beyde Theile verglichen sich aber schon im Jahre 1650., und dem Herrn Grafen, nunmehr Fürsten, Johann Ludwig zu Nassau-Hadamar wurde unter andern auch die freye Disposizion über sämtliche zum ehemaligen Kloster Beselich gehörig gewesene Güter, Renten und Gefälle überlassen. Hierdurch sahe sich also dieser Herr in Stand gesetzt, seine Reformatoren, die Jesuiten, seine Dankbarkeit völlig geniesen zu lassen. Er errichtete des Endes in dem Jahre 1652. die Jesuiten-Residenz zu Hadamar, und ertheilte darüber, nach vorhin erhaltener Päbstlichen Erlaubnis, den 3. Oct. d. a. das Fundazions-Document, wie solches in actis
K. Cameralibus beygelegt, und hier sub Lit. K. annectirt befindlich ist, worin sie unter andern auch das ehemalige Kloster Beselich mit

mit allen Zubehörungen nach der beygefügten Designazion, wie solche extractsweis, die jetzo in Frage stehende Höfe rc. rc. betreffend, sub Lit. L. anlieget. L.

§. 10.

Diese zu den Hadamarischen piis officiis besagtermaßen gestiftete Residenz hat auch bis auf das Jahr 1773. zu Hadamar notorisch alle jene geistliche Predigt-Lehr- und Schul-Besorgung ohne Unterlaß bewerkstelliget, und dagegen eben so jene ihnen zu ihrem Unterhalt des Endes gestiftete Gefälle, Höfe, Zehnden u. d. gl. ganz ruhig, ohne jemands Eintrag, genossen.

Als nun im Jahre 1773. das Päbstliche Breve, wegen Aufhebung ihres Ordens, erfolgte, und die Ordens-Glieder in solcher Qualität zur Seel-Sorge und zum Lehr-Amt weiter von dem Päbstlichen Stuhle unfähig erkläret wurden, so wäre wohl, besonders in den protestantischen Landen, die natürliche Folge, daß, in Ansehung der in solchen Landen befindlichen, zu jenem Orden gehörigen, Klöster, welche ausdrücklich auf die inländische geistliche Seel-Sorge und das Lehr-Amt von dem Landesherrn vorhin fundiret waren, bis auf der Landesherrn nähere Verfügung, alles in statu quo verbleiben muste. Es hat auch die Jesuiten-Residenz, und deren Glieder zu Hadamar, ihren der Landesherrschaft, als Fundatori, schuldigen Pflichten gemäs, jenem breve unangesehen, mit ihrem nach der Fundazion ihnen obliegenden Lehr- und Predigt-Amt und sonstigen geistlichen Officiis fortgefahren; dagegen hatten sie sich eben sofort der fundazionsmäsigen Nutzungen zu erfreuen. Weil inzwischen den Gliedern solchen Ordens auch in den katholischen Landen die geistlichen Verrichtungen interdicirt zu werden anfiengen, so sahe man Fürstlich-Oranien-Nassauischer Seits sich ebenfalls genöthiget, desfalls eine Abänderung zu treffen, mithin, damit die derzeitige Glieder der Residenz nicht ganz ausser Activität und zugleich ausser Nahrung gesetzet würden, ihnen zwar, in der Qualität ihres Ordens, die weitere fundazionsmäsige Verwaltung der ihnen übertragenen geistlichen Officiorum, und damit zugleich den mit solchen verknüpften Genuß der dazu gestifteten Güter von Landesherrschaftswegen ab- und zum Besten der durch die Fundazion versehenen piorum officiorum zu übernehmen, auch, damit diese nicht unversorgt blieben, alsbald einigen Gliedern der nunmehr aufgehobenen Residenz, wenn sie sich zu dem welt-

 geist-

geistlichen Stand erklären würden, die Prediger-Stellen in der Stadt, andern aus ihnen aber die Lehr-Stellen bey den dasigen Schulen, nebst einem gewissen jährlichen Gehalt aus den bis dahin der Fundazion angeklebten Revenüen, zu übertragen, und den übrigen geist- und weltlichen Gliedern zu ihrem Lebens-Unterhalt, bis zu ihrer anderweiten Versorgung, eine jährliche bestimmte Pension zuzuweisen, und also zugleich von Landesherrschaftswegen über die den gewesenen Jesuiten, ratione officiorum, fundazionsmäsig zugewendet gewesene Güter und Renten, als Landesherr und Protector officiorum, auch Fundator, in so weit einstweilen vorläufig zu disponiren. Es geschahe also von Seiten Oranien-Nassau unterm 13. Sept. 1773. den beyden Beamten Muzelius und Schenck zu Hadamar der Auftrag, dem Patri superiori und übrigen Gliedern der Residenz nunmehr, als in ihrer bisherigen Qualität ihres gewesenen Ordens dazu unfähig, die Verwaltung der geistlichen Officiorum von Landesherrschaftswegen, auch die Administrazion sämtlicher dazu gestifteter Güter und Revenüen ab- und von Herrschaftswegen zu übernehmen, dabenebst letzteres zugleich sämtlichen in- und ausländischen Pachtern durch Notarien und Zeugen, mit dem Anhang, bekannt zu machen, daß sie von nun an ihre Schuldigkeit an niemand anders, als wohin sie durch die Fürstliche Behörde angewiesen werden würden, abzuliefern, und also in so weit den Besitz zu ergreifen.

§. 11.

Alles geschahe ohne Widerspruch. Der Pater superior erhielte den Vortrag Namens der ganzen Residenz; und es wurde eo ipso zugleich von Landesherrschaftswegen, nebst den Gebäuden, Kirchen, Briefschaften u. d. gl., alles cum accessoriis übernommen. Selbst der zur Notificazion in das Runkelische ausgeschickte Notarius verrichtete, nach der gegenseitigen Beylage Nro. 21. seinen Auftrag ruhig, bis zu Schuppach durch den Kanzleyrath Ersfeld und andere, mit angedroheter und wirklich den Untergebenen anbefohlener Gewalt, Eintrag geschahe, dieser also deshalb, weiter unverrichteter Sache, returniren muste. Damals konnte man von den Runkelischen Absichten Oranien-Nassauischer Seits nichts wissen, und die jetzo ihrem Impresso von Nro. 15. bis 20. inclusive angefügte schöne Verfügungen — wo sie zur Zeit, als die Residenz noch in ihrer völligen Activität gestanden, und wo sie nach, wie vor, auch ihre fundazionsmäsige Officia versehen,

heimlich

heimlich und gleichsam verstohlenerweis, mithin auf eine gewaltsame Art, durch erkannte Arrest-Gebote an ihren Unterthanen sich eines offenbaren Spolii violenti et clandestini theilhaftig gemacht — konnten noch weniger dem Fürstlich-Oranien-Nassauischen Theil bekannt seyn. Zu Unterhaltung nachbarlicher Freundschaft schrieb jedoch, alsbald nach benachrichtigtem Vorgang mit dem Notarius Hessenhover, die Regierung zu Dillenburg an die Regierungs-Kanzley zu Runkel, beschwerte sich über das Betragen des derseitigen Kanzleyraths, und protestirte auf allen Fall gegen allen widrigen Erfolg. Statt einer Antwort schrieb der Herr Graf selbst an des Prinzen von Oranien Hoheit, Höchstwelche zwar in der Antwort Ihro kundbare Gerechtsamen anwiesen, doch, um mit benachbarten Reichsständen alle Zwistigkeiten zu verabscheuen, überliesen Sie dem Herrn Grafen, durch Beyderseits Abgeordnete eine gütliche Uebereinkunft zu tentiren. Diese Zusammenkunft Beyderseitiger Räthe geschahe auch; die Vergleichs-Handlung wurde aber Runkelischer Seits so trainiret, daß man endlich Nassauischer Seits, den höchsten Richter zu imploriren, nöthig fande.

§. 12.

Man extrahirte also bey dem hochpreislich Kaiserlichen und Reichs-Kammergericht unterm 16. May 1775. das ex adverso sub Nro. 22. beygedruckte Mandat. Dem Gräflich impetrantischen Theil war aber mit diesem, seinen Acquisitions-Gesinnungen zuwider laufenden, Mandat nicht gedienet. Er übergab, in der Absicht, die Sache in das Weite zu spielen, sogenannte Exceptiones sub- & obreptionis. Doch, nach endlich erfolgter Conclusion wurde die, allen Gesetzen nach, vorauszusehende Urtheil vom 10. Febr. 1783., ex adverso Nro. 25. beygedruckt, eröfnet.

Obzwar das hochpreisliche Archidicasterium hierauf auch, auf diesseitiges Anrufen, noch eine paritoriam ad sententiam ertheilte, so wuste doch der Gegentheil seine Absicht zu erreichen, die Vollziehung der Urthel dadurch aufzuhalten, daß er nicht nur vorerst einstweilen die Revision interponirte, sondern hernach auch noch das Remedium Restitutionis in integrum ergriffe.

In diesen beyden Remediis versiret man zwar bis noch bey dem hochpreislichen Kammergericht in Verhandlung; und man schmeichelt sich Fürstlich-Nassauischer Seits mit der gerechten Zuversicht, daß, dieser offenbar ungegründeten Tergiversationen

 ungeachtet

ungeachtet, doch dieses höchste Gericht seinen höchstrichterlichen Pflichten ein Genüge leisten, und seine rechtliche Erkänntnis zur Execuzion befordern, mithin dem Gegentheil zeigen werde, daß die alte, auch bey den wildesten Völkern dem Recht der Natur nach unwankend bestehende, Rechts-Regel: ablata sunt restituenda, auch in dem Heil. Römischen Reiche in ihren vollkommenen Kräften beruhe.

§. 13.

Der Gegentheil mag wohl leicht dieses alles selbst voraussehen, aber mit der grösten Empfindung würde er auf solche Art auch seine ungerechte Acquisitions-Lust vereitelt sehen. Um also alles zu wagen, wartet er nicht einmal in seinen beyden ergriffenen Remediis juris die richterliche Erkänntnis ab. Er wagt noch einen Versuch bey diesem höchsten allgemeinen Reichs-Conseß durch Ergreifung des Recurses, in Hofnung, dadurch wenigstens dem offenbaren Recht seinen freyen Lauf zu hemmen.

Da dieses bey dieser Reichs-Versammlung, nebst beygefügter sogenannter Geschichts-Erzählung, übergebene Schreiben unterm 21. Aug. 1784. zur Dictatur gekommen, so hat man auch Fürstlich-Oranien-Nassauischer Seits ein Exemplar erhalten. So überzeugt man letztgedachter Seits von der durchgehends patriotischen und gerechtesten Gesinnung sämtlicher höchst- und hoher Reichs-Mitstände und deren vortreflichen Gesandtschaften ist; eben so zuverläßig kann man sich von Höchst- und Hochdenenselben Allerseits versichert halten, wie Sie weit davon entfernt seyen, eine blose Justiz-Sache, welche bey einem der höchsten Reichsgerichte entschieden, und wogegen allenfalls den Reichsgesetzen gemäs die erlaubte Remedia juris jedem offen stehen, ad Comitia Imperii zu ziehen; es würde im Gegentheil für alle Höchst- und Hochdieselben beleidigend seyn, wenn man nur den Gedanken hegen wolte, daß ein solcher unrechtfertiger Recurs eine Veranlassung geben könnte, einem rechtmäsig, oder auch nur in via ordinaria juris, vor dem ordentlichen Richterstuhl Condemnirten zur Echappade zu dienen, um die Herstellung seiner widerrechtlichen Handlungen zu verzögern.

Da jene ruhmvollste patriotische Gesinnungen sämtlicher höchst- und hoher Reichs-Mitstände im Gegentheil dahin glorreichst allein abzwecken, um jedem Bedrängten bey den dazu bestellten Reichsgerichten die schleunigste und unpartheyische Justiz

wider-

widerfahren, auch solche zur Vollziehung bringen zu lassen, so hat man um so weniger daran in solchen Sachen zu zweifeln, wo, wie in gegenwärtiger, propter odium spolii manifesti, nicht einmal das Remedium ordinarium Revisionis, den Reichsgesetzen nach, gestattet wird, auch dem gemeinen Wohl und der öffentlichen Ruhe zu viel daran gelegen ist, dergleichen Facta nach Verdienst, und so ernstlich, anzusehen, daß sie nicht leicht einen Nachfolger finden mögen.

§. 14.

In all diesem vorausgesetzten Betracht wird man also auch bey diesem allgemeinen Reichs-Conseß des Prinzen von Oranien und Fürsten zu Nassau Hoheit vollkommen entledigen, über die Iustitiam causæ selbst mit dem Gegentheil sich in dem mindesten einzulassen; alles solches gehöret vor den von Kaiserlicher Majestät und gesamtem Reich bestellten ordinären Richter. Und glaubt sich daselbst der eine oder der andre Theil durch dessen Erkänntnis beschweret, so sind in den Reichsgesetzen diejenigen Remedia juris verordnet, deren jeder, so weit es ihm die Gesetze, nach der Qualitate causæ, gestatten, sich bedienen muß.

Man ist demnach Fürstlich-Oranien-Nassauischer Seits weit entfernt, über die theils verkehrt, theils verstümmelt vorgestellte, überhaupt aber ganz sachwidrig angebrachte Merita causæ hier das mindeste zu verhandeln; alles dieses gehöret vor den höchsten Richter, und daselbst muß man erwarten, was der Gegentheil etwa in den selbst ergriffenen Remediis legalibus an- und beyzubringen gedenket, und was der Richter, darauf den Rechten nach zu entschliesen, seinen theuersten Pflichten gemäs achtet.

Mit Uebergehung also alles dessen, was ad merita causæ und zur alleinigen richterlichen Erkänntnis gehöret, als weshalb man jedoch dem gegenseitigen widerrechtlichen Geschrieb hiermit in generalioribus widersprochen, und stillschweigend, von allem nichts nachgegeben zu haben, sich protestando ein für allemal völlig gewahrt haben will, ist man also gesonnen, jetzo nur dasjenige zu beleuchten, wodurch der Gegentheil seinen angemaßten Recurs zu qualificiren gedenket.

Die Fürstlich-Oranien-Nassauische Absicht ist es gar nicht, den Recursum ad Comitia ganz zu verabreden; nur in blosen Justiz-Sachen, wo den vorgeblich Gravatis die Remedia juris ordinaria zur Seite stehen, glaubt man von dessen Unzuläßigkeit sich des Beyfalls sämtlicher höchst- und hoher Reichs-Mitstände versichern zu können; wohingegen der Vollzug einer richterlichen Erkänntnis eine solche Beschwerde bey sich führen solte, wodurch sämtlichen Reichs-Mitständen ein Gravamen commune, in Ansehung ihrer Reichsständischen Gerechtsamen und Vorrechte, zuwachsen dörfte, will man dessen Zuläßigkeit, certo respectu, und ohne solches zum Misbrauch auszudehnen, nicht miskennen.

Der Gräfliche Gegentheil scheinet in seinem Impresso §. 62. diesen Satz endlich selbst nachgeben zu wollen; er will also in den folgenden §. §. eine Anzahl dergleichen Gemeiner Reichsständischer Beschwerden erzwingen; allein jedermann kann derselben Ungrund leicht von selbst einsehen.

Ehe der Gegentheil ad specialia schreitet, macht er, dem Ansehen nach, pro captanda benevolentia, d. §. ein weites Aufheben von der Hochachtung gegen die höchste Reichsgerichte, zugleich aber auch von der Reichsständischen Sorgfalt des Herrn Grafen über die Reichsständischen Jura. Man erkennet Nassauischer Seits die Schuldigkeit eines jeden Reichsstandes, um der höchst- und hohen Reichs-Mitstände gesamten Gerechtsamen in ihren Kräften zu erhalten; und des Prinzen von Oranien und Fürsten zu Nassau Hoheit werden es nie an ihrer Reichsständischen Pflicht, für die Reichsständischen Gerechtsamen eine gegründete und würkliche Sorgfalt zu hegen, ermangeln lassen. Allein Höchstdieselbe sind auch auf der andern Seite weit entfernt, unter einem Deckmantel und Schein einer solchen Reichsständischen Pflicht, Ihro privat Absichten, zum Schaden eines Dero übrigen höchst- und hohen Mitstände, zu bezwecken, so wie man Nassauischer Seits von aller höchst- und hoher Reichs-Mitstände Gerechtigkeits-Eifer sich überzeugt hält, daß sämtliche weit entfernt seyen, zu gestatten, daß einer dem andern das Seinige eigenmächtig und heimlicherweis mit bedroheter Gewalt zu Ende ziehe, und hernach die desfalls erfolgte höchstrichterliche Erkänntnis, durch dergleichen widerrechtliche Absprünge, dem ganzen Corpori als eine Beleidigung Reichsständischer Gerechtsamen vorbilde, blos, um seine gesetzwidrigen Facta der oberstrichterlichen Hülfe zu entziehen.

Dieses vorausgeschickt, sollen also nun §. 63. sqq. folgende Gravamina Statuum communia auftreten, als

§ 15.

§. 15.

1) Daß das Kammergericht die Austregal-Instanz, sowohl durch Erkennung des Mandats, als durch deren ausdrückliche Verwerfung, übergangen habe.

Alles, was hier der Gegentheil, in Ansehung der Austregal-Instanz, aus der Kammergerichts-Ordnung, aus dem Westphälischen Frieden, und aus der Kaiserlichen Wahl-Capitulation dahin schreibt, sind Sachen, welche man Fürstlich-Oranien-Nassauischer Seits niemals miskennen wird. Man ist also weit entfernt, das Reichsständische Vorrecht, ratione austregarum, und das dadurch zu geniesen habende Beneficium secundæ instantiæ zu bezweifeln; und das Kaiserliche und Reichs-Kammergericht wird selbst weit entfernt seyn, den höchst- und hohen Reichsständen bey seinen gerichtlichen Erkänntnißen einigen Eingriff zu thun. Nur hätte man Gräflich-Runkelischer Seits dabey anzuführen nicht vergessen sollen, daß auch die höchste Reichsgerichte, mit Vorbeygehung der Austregal-Instanz, den Reichsgesetzen gemäs, berechtiget, ja schuldig seyen, in gewissen Fällen in erster Instanz ihre richterliche Verfügungen ergehen zu lassen. Hierhin gehören alle diejenige Sachen, ubi a Mandatis S. C. incipi potest, und wozu, ausser den in der Kammergerichts-Ordnung de 1555. P. II. Tit. 23. benamten Fällen, auch ausdrücklich diejenige bestimmt sind, **in welchen, den Rechten nach, ohne vorhergehende Erkänntnis, a præcepto angefangen werden mag.**

Da demnach jene Kammergerichts-Ordnung ad Mandata S. C. nicht blos die bekannte 4. Fälle exclusive, sondern nur demonstrative, anführet, wie solches die Worte: **in solchen und andern Fällen 2c.** offenbar anzeigen, so ist, secundum praxin quotidianam imperii judiciorum, wohl ganz zuverläßig festgesetzt, mandari recte posse, quoriescunque judex ex prima supplica convincitur, reum obligari, nec obligationi suæ satisfacere, nec tamen exceptiones habere, oder kürzer: ubi injustitia rei & actori injuria illata confestim elucet, solaque verosimili facti demonstratione opus est *; wie denn, nach den neuesten Reichs-Constitutionen, und nach der beständigen Observanz, insbesondere Mandata S. C. als-

C denn

* PUTTER introd. in rem jud. imp. §. 265. De LUDOLFF in jur. Cam. p. 76. n. 10.

denn qualificiret sind, ubi agitur ad compescendas vias facti, veluti in causis possessoriis, spolii, arresti, pignorationis, turbationis &c. *, als von welchen Fällen der geheime Justizrath Pütter am allegirten Ort §. 268. besonders sagt: sigillatim quod attinet ad vias facti, eas quomodocunque ad evitandas, semper omnino judex Mandata S. C. decernit, siquidem nunquam eas exceptione defendi posse, facile prævidet. Quapropter nil interest, utrum de præteritis, seu iam perpetratis, factis agitur, an de futuris, tantummodo imminentibus. Solum id necesse est, ut sciat judex, actorem *possidere*, seu *possedisse*, & reum via facti eundem aut jam turbasse, aut turbationem minari, sive ea in spolio, sive in pignoratione, sive qualicunque alia turbatione consistat. Und ferner ibid. §. 276. quandoquidem vero ex noviori jure etiam simplicis spolii causæ ad Mandatum S. C. qualificari queunt, certe hæc via actori præcludi nequit, atque sic & in simplicis spolii causis, quatenus ad Mandatum S. C. agitur, omnino fundata summorum tribunalium jurisdictio.

Es ist auch alles dieses der Analogiæ juris um so gemäser, als die vorhin ex ordinatione Camerali angeführte Worte: **in welchen, den Rechten nach, ohne vorhergehende Erkänntnis, a præcepto angefangen werden mag,** nicht blos von Constitutionibus imperii, sondern auch de iure communi zu verstehen sind, mithin hiernach die Regel ausser Zweifel steht: quotiescunque in causa ad præceptum qualificata non solum ius, sed & factum ita certum proponitur, ut causa ipsa respuat omnes exceptiones iuris, toties locum habent Mandata S. C.

Es ist also auch keinem Widerspruch unterworfen, daß sowohl in causis spolii violenti & clandestini, sondern selbst auch simplicis, alsdenn a præcepto angefangen werden könne, und, der Observanz nach, angefangen werde, und müsse, wenn nur die Facta selbst hinlänglich dociret worden.

§. 16.

Obzwar überhaupt hier de simplici spolio keine Rede ist, wie, solches unten bey Gelegenheit des V^ten sogenannten Gravaminis communis anzuweisen, sich Gelegenheit geben wird, und man also hierin etwas sachwidriges nachzugeben nicht gemeinet ist, de quo protestando, so wird doch durch dasjenige, was der Gräfliche Gegentheil §. 53. und 54. seiner Geschichts-Erzählung von dem Foro

* Idem pag. 83. n. 25. SCHILTER ad D. de interdict. §. 1. sq. §. 5. 6.

Foro austregali in causis simplicis spolii angeführet hat, allenfalls den mit der durchgehenden Observanz begründeten Satz: daß auch in causis simplicis spolii a Mandato angefangen, folglich das Forum austregale vorbeygegangen werden könne, nicht aufheben.

Freylich ist in causis spolii die Jurisdictio austregalis, nach der Kammergerichts-Ordnung de 1555. zugelassen, und bestimmt. Es versteht sich aber vernünftigerweis dieses Gesetz blos von solchen Fällen, wo der Spoliatus, der Sache Beschaffenheit nach, diesen Weg zu wählen, sich alsdenn genöthiget sieht, si forte probationibus, quæ ad viam Mandati requiruntur, caruerit.

Daß die Kammergerichts-Ordnung de spolio simplici intuitu austregarum P. II. Cap. VIII. nur von solchen Fällen zu verstehen sey, zeigt gleich hernach Cap. IX. deren Verfolg, wo alsbald von solchen Personen und Sachen geredet wird, die, ihrer Art und Eigenschaft wegen, ungeachtet, ob sie mit, oder ohne Mittel dem Reich unterworfen, in erster Instanz an das Kaiserliche Kammergericht gehörig sind. Hier werden von Cap. IX. bis XXII. solche Fälle recensiret, und Cap. XXIII. von Mandaten, und in welchen Fällen ohne, oder mit der Justificatorie-Clausul solche erkannt werden mögen, gehandelt; und hier wird überhaupt in allen Sachen, auch in causis simplicis spolii, verordnet, daß das Reichsgericht a præcepto, sogar ohne Justificatorie-Clausul, anfangen könne. Es wird also auch natürlicherweis in solchen Fällen das Reichsgerichts erste Instanz fundiret, und damit das Austregal-Gericht ausgeschlossen.

Diese Fälle werden daselbst genannt; und, ausser den bekannten 4. Fällen, heißt es zuletzt, schon vorhin §. 15. angeführtermaßen, in solchen Fällen, in welchen, vermöge der Rechte, a præcepto, ohne vorhergehende Erkänntnis, angefangen werden mag. Alles dieses ist auch in den nachherigen Reichs-Abschieden de 1594. §. 79. und 1654. §. 79. ausdrücklich bestätiget. Sobald demnach auch in causis simplicis spolii die Sache ad Mandatum S.C. qualificiret ist, mithin das Factum spolii alsbald klar und deutlich dem Richter vor Augen geleget werden kann, eben sobald würde es mit der grösten Ungerechtigkeit verknüpft seyn, wenn dem Kläger dieser Weg, als der kürzeste, zu dem Seinigen wieder zu gelangen, abgesprochen, und er zu dem viel unständigern Foro austregali, zum Faveur des Spolianten, verwiesen werden müste. Es wäre auch gewiß die Kammergerichtliche Ordination nicht in der Absicht bey diesem Punkt entworfen, um den Spolianten gegen den Spoliatum, aller Vernunft zuwider, zu favorisiren. Im Gegentheil ware die Absicht der Kammergerichts-Ordnung, bey solcher Disposition, das Beste des Spoliati zu befördern. Damals ware der Processus Mandati bey dem Reichsgericht noch nicht so eingeführet, wie er hernach, zu Beschleunigung der Justiz, würklich bestimmet worden; gleichwohl wolte Weyl. Kaiser Carl V. den damaligen häufigen Spolien und Entsetzungen gern schleunigen Einhalt thun. Es wurde also, besonders zum Besten der gedruckten Reichsstände, einstweilen im Jahre 1548. nach dem Reichs-Abschied §. 39. diesen Endzweck zu erreichen, der Modus privilegiatus austregarum in causis spolii beliebet, und weil, wie eben gesagt, zu der Zeit der Processus Mandati per legem noch nicht eingeführet, wenigstens noch nicht eingerichtet ware, so wurde in der Kammergerichts-Ordnung de 1555. zwar jenes Forum privilegiatum in causis spolii nochmals wiederholet, schon damals aber wurde auch der Mandats-Prozeß per legem bestätiget, und der Kaiser und die Reichsstände, wenn sie der Zeit schon den Nutzen und Gebrauch des letztern, wie nachher, hätten einsehen können, würden sicherlich, zum eigenen Besten, jenen Passum, wegen der Austräge in causis simplicis spolii, sehr modificiret haben. Dieses mag auch wohl die Ursache seyn, warum, der täglichen Observanz nach, in causis simplicis spolii, wenn es ratione facti dazu qualificiret werden mag, zum Besten der Spoliatorum, als maxime privilegiatorum, der Mandats-Prozeß bey den höchsten Reichsgerichten erkannt wird. Ueberhaupt sagt schon der Reichs-Abschied de 1594. daß alle Fälle, worinnen Mandata S. C. erkannt werden können, nicht zu specificiren seyen, und der Reichs-Abschied de 1654. setzt zwar, ausser den bekannten 4. Fällen, noch die Causas pignorationis und de relaxandis captivis namentlich bey, er fügt aber auch sogleich hinzu: **und andere in der Kammergerichts-Ordnung und Reichs-Verfassungen enthaltene Fälle.**

In so weit wird es also dem Arbitrio der höchsten Reichsgerichte und dem Herkommen überlassen. Es muß dieses dem Heiligen Römischen Reich um so vorträglicher, und den höchst- und hohen Reichsständen um so wünschenswerther seyn, als dadurch das eigenmächtige Verfahren, und das einseitige Entsetzen des andern, welches doch gar oft zu gewaltsamen Thätlichkeiten Anlaß geben kann, vorzüglich vorgebeugt, der erwünschte

Ruhe-

Ruhestand um so wesentlicher conserviret, und einem Spoliato, der Gerechtigkeit nach, desto leichter zu dem Entraubten wieder verholfen werden kann. Es wäre ohnehin, nach der Kammergerichts-Ordnung de 1555. der beliebte Modus privilegiatus austregarum nur in favorem Spoliatorum verordnet, um diesen desto geschwinder zu dem Ihrigen zu verhelfen; warum solte es nicht also auch des Spoliati Willkühr überlassen werden, ob dieser einen andern, oder den Weg des Mandats lieber wählen wolle? Dem Spolianten konte wenigstens jenes nie zu seinem Schutz gereichen, um durch den Weg der Austregen dem Spoliato das Seinige desto länger vorenthalten zu mögen.

§. 17.

Der Gräfliche Gegentheil scheinet alle vorher angeführte Sätze bey sich selbst richtig zu empfinden; er bezweifelt also nur die Justitiam causæ selbst §. 63. dadurch, daß

a) der klagende Reichsstand keine Possession vor sich habe; daß

b) dem klagenden Theil seine Possession nicht turbiret worden; und

c) daß keine Gewalt, keine Unruhe in dem Reich oder Kreis vorhanden gewesen.

Ein jeder sieht, daß alle diese Einwendungen auf gar kein Gravamen statuum commune, sondern allenfalls, wenn es richtig wäre, ad Gravamen partis impetratæ, mithin ad Jura partis und Justitiam causæ zu zählen seyn würden. Alsdenn aber gehöret solches nicht an diesen allgemeinen Reichs-Conseß, und qualificiret sich nicht ad Recursum, sondern es gehöret zu den Reichsgesetzmäßigen Remediis juris, welche einem allenfälligen Gravato gegen eine Reichsrichterliche Erkänntnis zum Guten verordnet worden, und welche der Gräfliche Gegentheil schon selbst durch die ergriffene zwey Remedia revisionis & restitutionis würklich ergriffen hat. So viel ist durch das Vorhergesagte gezeigt, daß das Kammergericht, durch Erkennung des Mandats und darauf erfolgte Urtheil, auch darin verworfene Exceptionem Fori, kein Gravamen statuum commune begangen habe, daß vielmehr dergleichen Sachen, wenn sie sonst genugsam documentiret, ad Processum Mandati, und damit zugleich zur Kammergerichtlichen ersten Instanz gehören, daß mithin die Qualificatio recursus ad Comitia, als eine gemeine Beschwerde, wegfalle. Solte der Gräfliche Gegentheil in hac causa speciali, dadurch graviret zu seyn, sich einbilden, daß etwa contra iustitiam causæ, ohne daß diese dazu hinlänglich qualificiret und justificiret gewesen, gesprochen worden, so gehöret solches ad iura partis, und, wie gesagt, zu den dagegen verordneten Remediis iuris. Man übergehet also auf solche Art hier alles, was der Gegentheil blos zu letzterwähntem Behuf angeführet hat, und setzet einstweilen ausser allen Zweifel, daß dieser hohe Reichs-Conseß das zum ersten Gravamine communi angeführte als ganz unstatthaft schon von selbst gerechtest ansehen werde; zum Ueberfluß beziehet man sich auf das, was unten ad prætensum gravamen quintum gesagt werden wird, und schreitet zu den eben so beschaffenen weitern vorgebildeten gemeinen Ständischen Beschwerden.

§. 18.

Es soll demnach §. 69. das

II^tc darin bestehen: **daß das Kammergericht die ausdrückliche Verordnung des Westphälischen Friedens und die Liste der Restituendorum in tribus mensibus ausser Acht gelassen habe.**

Hier muß man zuforderst gegen die in dieser ganzen Sache bey den judicial Acten gebrauchte gegenseitige Sophismata bemerken, wasmaßen dermalen nicht von dem eigentlichen ehemaligen, und vor fast zwey Seculis, wenigstens secundum dicta §. 7. zum zweytenmal in und vor dem Jahre 1637. zerstörten, Kloster Beselich, sondern nur von den unter dessen kurzen Benennung verstandenen, dazu gehörig gewesenen, in dem Gräflich Runkelischen gelegenen, Höfen, Gütern, Renten und Gefällen, wie solche seit 1637. das nun neuerlich eingegangene Hadamarische Jesuiten-Kloster, von welchem hier blos principaliter die Rede ist, bis an sein Ende besessen hat, die Rede sey.

Dieses vorausgesetzt, würde der Gräfliche Gegentheil über dieses einem so ansehnlichen allgemeinen Reichs-Conseß vorbilden wollende Gravamen commune statuum billig haben errothen müssen, wenn er nur die ihm so sehr auffallende Kammergerichtliche Urthel selbst genau eingesehen hätte. Diese spricht nicht ein Wort von dem Westphälischen Frieden und dessen Verordnung, sondern nur von der im Jahre 1652. von Seiten Nassau geschehenen Fundation, und daß, in Gemäsheit derselben, das Fürstliche Haus in possessione percipiendi reditus gehandhabt werden solle. Freylich hatte man Fürstlich-Oranien-Nassauischer Seits in den Supplicationibus ex adverso Nro. 22. sich in rubro auf den Westphälischen Frieden, und besonders dessen Art. V. §. 47. auch den Religions-Frieden mit bezogen. Wie aber nicht das Rubrum supplicarum, mithin das Petitum partis die Erkänntnis des Richters, sondern dessen Resolutum selbst solche darstellet, also zeigt auch das Decretum ad supplicas pro mandato, daß das impetrantische Petitum, in Ansehung des Westphälischen Friedens, ganz übergangen, und daselbst lediglich das Decisum auf den Religions-Frieden gegründet worden.

Wie mag demnach der Gegentheil wohl so weit verfallen, dem höchsten Reichsgerichte zur Last zu legen, daß es, zu einer allgemeinen Beschwerde sämtlicher höchst- und hoher Reichsstände, gegen die Verordnung des Westphälischen Friedens, und die Liste der Restituendorum in tribus mensibus gehandelt haben solle? Da die Kammergerichtliche Erkänntnis sowohl in dem Mandato, als darauf erfolgter Urthel, seinen blosen Entscheidungs-Grund nicht auf den Westphälischen Frieden, sondern auf die Nassauische Fundation, und, in Gefolg derselben, auf den Religions-Frieden lediglich festgesetzet hat, so fällt wohl dieses Gravamen prætensum commune statuum von selbst weg. Es mag der Westphälische Frieden, und besonders dessen Art. V. §. 47. zu verstehen seyn, wie er wolle; er mag einer authentischen Interpretation bedürfen, oder nicht — solches schlägt hier gar nicht ein. Das Kammergericht hat weder auf denselben seine Erkänntnis gegründet, noch weit weniger aber also auch der Potestati legislatoriæ, Kaiserlicher Majestät und dem Reich vorgegriffen, oder nur von weitem vorzugreifen gedacht. Sowohl dem Kammergericht, als auch dem Fürstlich-Oranien-Nassauischen Theil kann und wird es also gleichgültig seyn, was der Westphälische Frieden an jenem Ort für eine Bedeutung haben soll, und ob diese von der höchsten gesetzgebenden Gewalt, und wie bestimmet werden müsse? Nur hier liegt die vorhandene Nassauische Fundation, und, neben derselben, der Religions-Frieden zum Grund der Entscheidung. Bey beyden schlagen keine Jura statuum communia, sondern blos Jura partium privata ein. Alle Ursachen eines versuchten Recursus ad Comitia fallen mithin offenbar weg, und man konnte sich schon Fürstlich-

Nassauischer Seits hierbey um so mehr beruhigen, als, sobald die Sache eine Causam justitiæ und mere jura privatorum betrift, solche nicht ad Comitia Imperii, sondern zur ordinären richterlichen Dijudicatur gehörig ist.

Ohne inzwischen an diesem Satz im mindesten sich zu präjudiciren, oder in quæstionibus meris justitiæ mit dem Gräflichen Gegentheil sich hier in eine Verhandlung einzulassen, will man blos dem hochansehlichen allgemeinen Reichs-Conseß zu einiger Nachricht anführen, wasmaßen A) ratione fundationis, hier gar keine Frage von einem ehemaligen und längst erloschenen Kloster Beselich, Prämonstratenser-Ordens, noch von einem ehemaligen Nassauischen Beselicher Hospital die Rede sey. Das erstere war schon zur Zeit der Reformation vor dem Jahre 1612. (§. 5.) zum erstenmal, letzteres, das Nassauische Hospital, aber im Jahre 1628. durch die Herstellung des Prämonstratenser-Ordens (§. 6.) und endlich das auf solche Art hergestellte Prämonstratenser-Kloster wieder, wenigstens vor dem Jahre 1638. (§. 7.) durch die Einsetzung der Hadamarischen Jesuiten erloschen; und von allen diesen konte also jetzo, wo von einem Kloster, quod nuperrime concidit, nach der Supplication Meldung geschieht, nicht, sondern, wie der Contextus supplicationum anweiset, von dem damals neuerlich erloschenen Hadamarischen Jesuiten-Kloster, und den von diesem bis dahin besessenen, im Runkelischen gelegenen, ehemaligen Beselicher Kloster-Revenüen geredet seyn. Es kommt ferner hier nicht auf die Frage an, ob diese in Frage stehende Revenüen in dem Nassauischen oder Runkelischen gelegen? wiewohl der gegenseitige Verfechter hier abermals gegen alle Receße und Vergleiche, mithin die offenbare Geschichte, dem eigentlichen Ort des ehemaligen Klosters Beselich seinen Landes- und Eigenthums-Herrn verwechseln will. Daß solches pure Nassauisch sey, bewahrheitet nicht nur der Vergleich de 1375., sondern auch der de 1615., nicht minder die Uebergabs-Acta an die Prämonstratenser de 1628., wie solche alle oben (§. 5. und 6.) angeführet worden. Doch, wie gesagt, dieses thut hier zur Sache nichts. Genug, Graf Johann Ludwig zu Nassau-Hadamar hat die damalige Jesuiten daselbst mit den in Frage stehenden Gütern und Renten im Jahre 1637. als mit seinem Eigenthum, dergestalt versehen, daß er diesen zu ihrem Unterhalt deren Administration übergeben. Hiergegen sind weiter von niemand, wenigstens von Runkel keine, Motus gemacht worden, im Gegentheil hat nicht nur dieses 1644. (§. 8.) sich per pactum verbindlich gemacht, den

in

in Administration stehenden Jesuiten zu den in dem Runkelischen fälligen Renten nachdrücklich zu verhelfen, sondern es zeigen auch die Acta judicialia, wie von Seiten Runkel solches bis zur Zeit des erloschenen Ordens ganz ohne alle Widersprache beobachtet worden. Da in dem Jahre 1637. Graf Johann Ludwig, wegen des Streits mit seinen Herrn Brüdern (§. 9.), noch keinen ordentlich-beständigen Sitz für die Jesuiten stiften konnte, so bliebe solches ausgesetzt bis in das Jahr 1652., als er sich einige Jahre vorher darüber mit seinen Gebrüdern und respective Agnaten verglichen hatte.

Es ist bekannt, daß Stadt und Fürstenthum Hadamar ganz protestantischer Religion gewesen, daß aber Graf Johann Ludwig von Hadamar in dem Jahre 1629. die katholische Religion amplectiret, auch diese in Stadt und Land überhaupt auszubreiten sich alle Mühe gegeben hat. Er bedurfte hiezu Geistliche, und wählte die vom Jesuiten-Orden. Diese solten nicht nur auf dem Lande, sondern vorzüglich in der Stadt das Predigt-Amt, und alles, was dazu gezählet werden konnte, versehen. Seine Absicht erforderte jedoch dieses nicht allein, sondern, jene zu erreichen, ware hauptsächlich nothwendig, gute katholische Schul-Anstalten vorzurichten. Er übertrug also den nach Hadamar gezogenen Jesuiten nicht nur das Lehr- und Predigt-Amt, sondern auch das Schul-Wesen. Alle diese geistliche Officia waren inzwischen, wie leicht zu ermessen, so nicht dotiret, daß sie zu Erreichung der Absichten die nöthige Ministeria besölden, und denselben den Unterhalt verschaffen konnten. Der Herr Graf ließ sich also angelegen seyn, auf verschiedene in dem Nassau-Katzenellenbogischen zu Zeiten seines Herrn Vaters, Grafen Johann des ältern, als damalig-alleinigen Regenten, sekularisirte Stiftungen sein Augenmerk, zu Dotirung jener geistlichen Officiorum, zu werfen, da aber diese nicht in seinem erhaltenen Landes-Antheil, sondern in den von seinen Herrn Brüdern gelegen waren, so ist leicht zu ermessen, wie er von diesen, als Protestanten, allen Widerspruch erhielte. Das einzige erst im Jahre 1628. erneuerte Kloster Beselich lag in seinem Lande, und er erwürkte also (§. 7.) die höhere Erlaubnis, solches einzuziehen, und die Revenüen davon den zu Besorgung jener piorum officiorum von ihm bestellten Jesuiten zu übertragen. Dieses geschahe 1637. Weil jedoch auch die respective Brüder und Agnaten des Herrn Grafen noch auf dieses Kloster, nach dem väterlichen Testament, Anspruch machten, so konnte er jene Versorgung der zu den piis officiis gebrauchten Jesuiten noch nicht

 beständig

beständig machen, bis endlich solcher Streit mit seinen Herrn Agnaten in dem Jahre 1650. gehoben wurde, wo er nunmehr 1652. den zu jenen piis officiis gebrauchten Jesuiten eine Stiftung zur Residenz ausfertigte.

Sowohl die oben inducirte Päbstliche, als Kaiserliche, Indulgenzien zu Einziehung des eben kurz vorher erneuerten Klosters Beselich setzte ausdrücklich die Condition der Bestimmung *ad alios pios usus* fest. Diese Absicht zu erreichen, übergab er den an sich gezogenen Jesuiten in dem Jahre 1637. die Administration aller zum nunmehr gewesenen Kloster Beselich gehöriger Pertinenzien, mit dem Anhang, daß von ihnen drey Unterschulen und der Gottesdienst in der Stadt Hadamar vorzüglich verwaltet werden solten. Alles dieses, und daß die nachher 1652. fundirte Residenz nicht auf ihren Orden, sondern blöslich zum Besten der Religion und zu Haltung der Lehr- Predigt- und Schul-Anstalten bezweckt gewesen, ergeben die Worte der oben Lit. K. angefügten Fundation. Denn so heißt es in derselben gleich im Anfang, wie diese Fundation geschehen sey:

> Pro nostra & domus nostræ & subditorum nostrorum salute.

Ferner, daß die ganze Absicht der Fundation blos zum Besten der geistlichen Officiorum geschehen, besagen die Worte:

> Ad Collegii Societatis Jesu fundationem animum serio adjecimus, ut, quos fidei primos instructores Dei beneficio nacti eramus, eosdem *conservatores & propagatores* perpetuos habere liceret, & ut collegii fructus copiosior *in universam provinciam nostram* redundaret, *seminarium* addendum putavimus.

Wie denn diesen Endzweck zu erhalten, und da der Præpositus generalis vorher versprochen, eine blose Residenz aufzurichten, worin drey Klassen der Schulen einzuführen, so sagt der Herr Fundator weiter:

> Ea oblatione & *conditione* &c. offerimus *in eum finem* &c.

Und ferner fort:

> In augmentum fundationis adjicimus &c. *ea conditione*, ut cura animarum sit penes parochum, conciones vero & catechismi cum confessionibus &c. penes Societatem.

Daß

Daß ferner desto vorzüglicher gezeigt werde, wie nicht diese Residenz, in Ansehung ihres Ordens, sondern lediglich Nämens der ihr anvertrauten geistlichen Officiorum diese Stiftung erhalten, wird erster alle Permutation in his verbis untersagt:

> Ac nobis constat, Societatem post oblationem acceptatam in nullam permutationem posse condescendere.

Diese ganze Absicht, und daß diese ganze Stiftung lediglich zum Besten der Officiorum, und nur zu Erhaltung der zu deren Versorgung bestellten Glieder der Residenz geschehen, beurkundet noch ferner der folgende Passus:

> Atque hæc fere sunt, quæ in constitutione Residentiæ — afferre decrevimus — plurimum confidentes — quod admodum reverenda sua paternitas *hanc nostram piam voluntatem pro salute subditorum nostrorum* approbatura & acceptatura sit, *juxta mentem & intentionem nostram*, quæ huc maxime spectat, ut dicta Residentia ita *a nobis* fundata *religiosis & eruditis viris* pro quantitate proventuum dictæ fundationis instruatur, qui — *sacras functiones in oppido hoc & tota ditione nostra exercere, & tam in erudienda in tribus grammaticæ classibus juventute, quam concionibus, catechesibus, piis exhortationibus habendis & sacramentorum administratione ad docendum & confirmandam populum* nobis subjectum fructuo se incumbere & laborare valeant — Nihil dubitantes, quin *ea* fideliter & *constanter* præstituri sint.

Und endlich behält sich der Herr Graf ausdrücklich seine Jura superioritatis und protectionis bevor.

Da, diesem nach, bey Aufhebung des Jesuiten-Ordens, dessen Glieder von ihrem geistlichen Oberhaupte zu weiterer Function jener Officiorum in ihrer alten Qualität vor unfähig erkläret worden, so ceßirte zwar, sobald ihnen solche von ihrer Landesherrschaft abgenommen wurden, deren Genuß der Fundation, die Fundation selbst aber, in Ansehung der nicht aufhörenden piorum Officiorum, blieb allemal eben so zu der letztern Besten, und zu anderweiter Anordnung anderer Ministrorum von dem Landesherrn und Fundatore in ihrem Wesen, als bey Absterben, oder sonstigem Abgang eines Predigers, oder Schullehrers, zwar dessen Stelle vacant, dessen genossene Besoldung, oder sonstige Emolumenten aber, zum Besten des Officii, selbst zu des Landesherrn oder Patroni anderweiter Disposition ungekränkt erhalten werden.

Es wäre demnach, in diesem Betrachte, ein offenbares Spolium clandestinum, quod violento æquipollet, und dieses noch mit angedroheter Gewalt, als man Gräflich Runkelischer Seits, nach ihren eigenen jetzigen Beylagen Nro. 15 bis 20. sogar zur Zeit, woselbst die Jesuiten noch in ihrer völligen Activität stauden, ihre mit einer unrechtmäsigen Landesherrlichen Macht begleiteten Invasiones und Turbationes verübte, wovon man unten, bey Gelegenheit der vorgebildeten V^tm gemeinen Beschwerde, noch das weitere anzuführen Gelegenheit finden wird.

§. 19.

Eben dieses Factum injustificabile des Gräflichen Gegentheils liefe auch B) nach dem weitern Kammergerichtlichen rechtlichen Grundsatz gegen den Religions-Frieden. Denn so gebietet der Reichs-Abschied de 1544. §. 84. damit, der Kirchen-Güter halber, fernerer Misverstand zwischen den Ständen verhütet werde, so sollen die geistliche Stifte, Klöster und Häuser, sie seyen, welcher Religion sie wollen, ihrer Renten, Zinsen, Einkommen und Güter, **so in eines andern Fürstenthum oder Obrigkeit gelegen**, nicht entsetzet, sondern unweigerlich gefolget, **selbst von der Obrigkeit, wo sie gelegen, jenen getreulich dazu verholfen werden.** Es sollen auch §. 90. die Klöster und Kirchen unzerbrochen und unzerrissen bleiben.

In dem Religions-Frieden de 1555. wird solches nochmals ausdrücklich bestätiget, und §. 16. verordnet, daß den Geistlichen ihre Renten unbeschwert bleiben, auch die Stände, ohne Unterschied der Religion, solche unweigerlich folgen lassen, und dazu verhelfen sollen. Und §. 21. sollen die zuständigen Renten von jedem Stande, unter welchem sie gelegen, vorbehältlich der weltlichen Obrigkeit, gefolget werden.

So wenig demnach schon zu solcher Zeit ein Occupations-Recht mehr gestattet, vielmehr die auswärtigen Gefälle als ein Accessorium ad suum principale erkläret, und alle Zerstückelung untersagt ware, so weniger Zweifel konnte dem hochpreislichen Kammergerichte übrig bleiben, daß das Gräflich Runkelische Factum, wo man die schon seit 1637. und respective. 1652. zu den geistlichen Officiis in der Stadt und Lande Hadamar von dasigem Landesherrn gestiftete, und bis dahin ausser allem Widerspruch ruhig genossene — in ihrem Lande gelegene — zu dem ehemaligen

Kloster

Kloster Beselich gehörig gewesene — der Hadamarischen Fundation einverleibte Güter und Gefälle eigenmächtig, und unter angedroheter Gewalt denselben vorenthalten, als ein per se den gemeinen Reichsgesetzen, vorzüglich aber dem Religions-Frieden, als einem in denjenigen Stücken, so nachher nicht durch den Westphälischen Frieden abgeändert, subsistirenden Reichs-Grundgesetz, zuwiderlaufendes strafbares Factum, ohne Anstand per praeceptum aufgehoben und redreßiret werden müssen, um besonders dem §. 7. Art. XVII. Instrumenti Pacis Westphalicae das oberstrichterliche Genügen zu leisten.

§. 20.

So wenig demnach bey allem diesem auch nur ein Schein einer gemeinen Reichsständischen Beschwerde zu fingiren stehet, so übel sind ebenwohl die ex adverso §. 69. vorgebrachte Passus des Westphälischen Friedens angebracht. Der Annus decretorius, 1624., kann hier in gar keine Consideration kommen; zu der Zeit ware Nassau-Hadamar, so wie Runkel, der protestantischen Religion zugethan, und jener Annus ist blos zum Entscheide-Jahr inter status diversae religionis, Catholicos & Protestantes, bestimmt. Es ist also auch hier keine Frage, wer unter beyden im Jahre 1624. im Besitz des damaligen Beselicher Hospitals gewesen, obwohl nach dem, was oben §. 5. gesagt worden, der Nassau-Hadamarische Eigenthum ausser Widerrede stehet. Es gehörte mithin auch dieses Kloster per se nicht ad restituenda ex Pace Westphalica, und Runkel hat sich niemals einfallen lassen, deshalb bey der Friedens-Executions-Commißion sich zu melden. Der Gegentheil sagt zwar, dieses Hospital — soll aber heißen Kloster — Beselich sey in dem zu Nürnberg den 16. Jun. 1652. abgehaltenen Haupt-Friedens-Executions-Receß namentlich in der Specificatione restituendorum in tribus mensibus sub lit. B. n. 12. aufgeführet. Dieses hat auch seine Richtigkeit. Nur aber hätte man Runkelischer Seits dabey anführen sollen, auf wessen Instanz solches geschehen? Er hätte nur zugleich die daselbst befindliche Rubrick:

> Nassau-Dillenburg gegen Nassau-Hadamar, wegen der Renten und Gefälle der Prötzen-Mühle und Kloster Beselich *

mit anführen sollen, so würde auch hier sein Sophisma sich alsbald entdecket haben. Denn diese inter plane alios verhandelte Sache

* Von MEIERN Fried. Execut. Handlungen Tom. II. pag. 768 n. XII.

gehet doch wohl Runkel, als einen Tertium, nichts an. Wo will also der Gegentheil hier eine gegen die Friedens-Schlüsse anlaufende oberstrichterliche Erkänntnis erfinden? da er wenigstens seit der Wiedereinsetzung des Prämonstratenser-Ordens de 1628. niemals die geringste Prätension geäussert, vielmehr sich selbst durch Verträge und eigene gerichtliche, in actis Cameralibus zum Ueberfluß angeführte, Judicata jedesmal verbindlich gemacht, und auch bewürket hat, daß die hierzu gehörige, in seinem Lande gelegene, Revenüen, vorhin angeführtem Reichs-Abschied und Religions-Frieden gemäs, unweigerlich, bis zur Zeit des erloschenen Jesuiten-Ordens, nach Hadamar zu ihrer stiftungsmäsigen Bestimmung geliefert worden. Es bliebe also, allem ohngeachtet, dessen neuerlich eigenmächtig- und heimliches, mit angedroheter Gewaltsamkeit begleitetes, Verfahren um so injustificirlicher, und dieses muste den Richter, gegen ihn a præcepto anzufangen, allen Rechten nach, um so mehr vermögen, als selbst der Westphälische Frieden Art. XVII. §. 7. ausdrücklich sagt: Et nulli omnino statuum imperii liceat, jus suum vi & armis prosequi, sed, si quid controversiæ, sive jam exortum sit, sive posthac inciderit, unusquisque jure experiatur. Secus faciens reus sit fractæ pacis. Dieses würde den Herrn Gegentheil denjenigen Weg haben lehren müssen, welchen er allenfalls zu wandeln gehabt, und welcher ihm, facta plenaria restitutione, durch die Urtheil selbst auf die Zukunft vorbehalten worden.

§. 21.

So wenig also noch jetzo dieser gewagte Recurs durch ein Gravamen statuum commune sich qualificiren lässet, um so viel weniger wird sich solcher durch das vorgebildete

III^te Gravamen rechtfertigen.

Dieses soll §. 72. darin bestehen: **daß das Kammergericht dadurch, daß es eine nichtige Fundation zu Hadamar in possessorio summariissimo schützet, und für deren Fortdauer gesprochen, sich auch, ausser der Uebertretung des Westphälischen Friedens und des Nürnberger Haupt-Friedens-Executions-Receßes, einer potestatis legislatoriæ angemaßet habe.**

So

So weitschweifig der Gegentheil bey diesem Satz gewesen, eben so kurz leuchtet dessen ganze Unerheblichkeit jedem in die Augen. Die in Frage stehende Fundation soll nichtig seyn. Vermuthlich aus der Ursache, weil solche zum Faveur eines katholischen Instituts fürgerichtet, und in anno decretorio in dem Fürstlich-Nassau-Hadamarischen die katholische Religion gar nicht im Gange gewesen, also der Status catholicus dem anno normali zuwider lauft.

Dieses ist eine Quæstio, welche den Herrn Grafen von Runkel nichts angehet. Sobald der Herr Graf Johann Ludwig die katholische Religion ergriffen, stunde demselben, zumal zu der Zeit, da der Frieden noch nicht existirte, frey, auch diese Religion in seinem Lande einzuführen. In so weit ware also die Fundation zu Recht beständig, zumal da durch den Vergleich de 1650. mit seinen protestantischen Herrn Agnaten er auch deren Beystimmung und Erlaubnis dazu erhalten. Wenigstens bliebe solches allemal ex parte Runkel eine Exceptio de jure tertii, und dieses hat sich auch selbst nie dagegen zu moviren getrauet. Sobald das Hadamarische Land bey der ausgestorbenen katholischen Linie wieder an die protestantische Herrschaft überkame, stunde es bey derselben, den Statum anni decretorii zu herstellen, oder nicht. Sie ließ aber vorerst alles in statu quo; und der Westphälische Frieden gebietet den protestantischen Landesherrn jene Herstellung nicht, er überläßt solches im Gegentheil derselben freyen Willkühr. So lange also die protestantische Landesherrschaft den Cultum religionis catholicæ in dem Hadamarischen weiter fort tolerirte, so bliebe auch ihres Orts die geschehene Fundation zum Besten der dasigen piorum officiorum in ihren Kräften. Allemal gieng solches wenigstens Runkel nichts an. Hatte dieses allenfalls an den zu solcher Fundation gehörigen, in seinem Lande gelegenen, Gütern einen eingebildeten Anspruch, so durfte es nach einem über hundertjährigen ruhigen Besitz nicht de Facto zufahren, sondern es muste seine vermeinte Gerechtsame durch den in Rechten erlaubten, und eben vorhin besagtermaßen selbst in dem Westphälischen Frieden vorgeschriebenen, Weg einschlagen. Sobald es Viam Facti, und diesen noch dabey mit angedroheter Gewalt, sich gefallen ließ, ware der Richter schuldig, demselben per præceptum Halt zu thun, und zugleich die Fundation selbst in possessione vel quasi mit der denselben gemäsen angehängten Verordnung zu schützen. Dieses letztere ware keine von dem Richter sich angemaßte Potestas legislatoria, sondern nur eine inter partes nöthig erachtete, dem richterlichen Amt obliegende Determination des juris partis privati.

 Ohnehin

Ohnehin gehet ja diese Verordnung den Gräflichen Gegentheil nichts an; er ist, in Ansehung derselben, als Tertius zu betrachten. Würde man Nassauischer Seits durch solche Verordnung sich beschwert geglaubt haben, so würde diesem, seine Beschwerden dagegen zu führen, erlaubt gewesen seyn. Allein Nassau ist jederzeit weit davon entfernt gewesen, diese, so lange Zeit her ad pia officia destinirt gewesene, Güter und Gefälle zu einem Camerali zu machen, und den geistlichen Verwendungen zu entziehen; weswegen man sich auch nach dem Inhalt der Urthel alsbald Nassauischer Seits selbst dazu erkläret, solche Revenüen anders nicht, als zu nothdürftiger Unterrichtung der Unterthanen im Fürstenthum Hadamar, und zum Vortheil der Erziehung dasiger Unterthanen, zu verwenden. Diese Erklärung macht so wenig gegen Runkel, als gegen sämtliche höchst- und hohe Reichs-Mitstände, ein Gravamen aus; und da, wie §. præced. gesagt, Runkel sich noch nie bey der Friedens-Executions-Commißion, pro Restitutionis ex pace Westphalica — als ohnehin, in Ansehung seiner, unerfindlich — gemeldet, so ist auch nicht abzusehen, was hier der Westphälische Frieden, und der Haupt-Friedens-Executions-Receß für eine widrige Influenz haben sollen und können. Es scheinet sonst, wie es dem Gräflichen Gegentheil, oder dessen Schriftsteller, nicht genug seyn wolle, das Reichs-Kammergericht auf eine höchst unanständige Art mit seinen Sophistereyen anzugreifen, auch der Kaiserliche Reichshofrath muß per indirectum durch dessen Beylage Nro. 26. dazu gezogen werden. Doch man will sich hierbey, da es ohnehin zu dem jetzigen Objecto nicht gehörig, wo blos von der Qualification eines Recursus propter gravamina communia Statuum Imperii die Rede ist, nicht aufhalten. Dieses Reichshofraths Gutachten, welches zugleich von Kaiserlicher Majestät allerhöchst genehmiget, sagt, das jetzige Objectum betreffend:

> in Ansehung der erstern Fundations-Güter, welche zu einem ausdrücklichen benamten Ziel und Ende, zu gewissen Schulen, Predigten — gestiftet worden — können die Sachen gar keinen Zweifel leiden, da durch die Päbstliche Bulle **nicht die Fundationen, sondern nur der Orden, welcher die Verwaltung darüber gehabt,** aufgehoben worden. —

Dieses ist auch der jetzo in Frage stehende Fall, welchen wohl niemand widersprechen kann; und diesem zufolge bliebe die in Frage stehende Fundation nach wie vor bestehen. Nur da die

Jesuiten

Jesuiten, qua tales, solche Officia nicht weiter versehen solten, so dependirte es von dem Landesherrn solcher piorum officiorum, als deren Protectore, zu deren Besten auf eine andere Art zu disponiren, welches auch geschehen, von Runkel aber schon zur Zeit, da die Jesuiten noch alles selbst zu verwalten gehabt, da also noch nicht einmal selbst eine Possessio vacua fingiret werden konnte, mit seiner heimlich und mit gedroheter Gewalt begleiteten spoliativischen Turbation gestöret wurde. Jenes Reichshofraths Gutachten ist ebenwohl weit entfernt, über den Sinn des Westphälischen Friedens eine authentische Interpretation bey diesem Punkte zu wagen. Es wird sich, eben wie in gegenwärtiger Sache, gar nicht auf den Westphälischen Frieden, sondern lediglich auf die Fundation, und, derselben gemäs, auf die Verordnung des Religions-Friedens bezogen. Alles dieses greift der gesetzgebenden Gewalt über die Frage, ob die Verordnung des Westphälischen Friedens Art. V. §. 47. eine Interpretationem authenticam erfordere, oder nicht? gar nicht vor, und also fällt auch per se alles eingebildete Gravamen statuum commune weg. Alles übrige, in gegenwärtigem Falle ganz und gar nicht anwendbare, jenseitige Geschrieb übergehet man stillschweigend, und schreitet

§. 22.

Zum vorgebildeten

IV^tem^ Gravamine communi, welches §. 79 darin bestehen soll: **daß das Kammergericht Eingriffe in die Landes-Hoheit gewagt, und, über die höchste Gewalt in geistlichen Dingen zu disponiren, sich angemaßet.**

Dieses ist nun zwar derjenige Artikel, wo um es dem Gegentheil hauptsächlich zu thun ist, um nemlich die Güter und Renten Quæstionis für vacante und Herrnlose Güter zu behaupten, und also nur seine Absicht zu erreichen, alsdenn aber mag ihm wohl an den Reichsständischen Gerechtsamen weiter wenig gelegen seyn. Doch auch das jetzo aufgestellte sogenannte Gravamen statuum commune wird seiner Absicht nicht beförderlich seyn.

Man will dem Gegentheil a) ad §. 80. die durch den Westphälischen Frieden noch besonders für die Reichsstände befestigte Landes-Hoheit nicht miskennen, er hätte sogar desfalls die vielen Beweisthümer ersparen können. Eben so wenig mißkennet man b)

denen

denen evangelischen Reichsständen auch die geistliche Gerichtsbarkeit, und diese zwar lediglich als dem Juri superioritatis annex; und ad §. 81. miskennet man auch nicht c) die Obliegenheit eines Landesherrn, für die Aufrechthaltung frommer Stiftungen in seinem Lande besorgt zu seyn, mithin den Bedacht dahin zu nehmen, daß die Unterthanen derselben nicht beraubet werden. Und d) so wenig das Kammergericht, als eins der höchsten Reichsgerichte, ja kein Stand selbst, ist befugt, vielleicht auch — wenigstens erstere — und was nicht den Gräflichen Gegentheil betrift, auch sonst kein Reichsstand, gemeinet, den Unterthanen dergleichen geistliche Stiftungen zu entziehen. Da nun, ad §. 82. den Satz umgewendet, Nassau nichts anders gethan hat, oder noch sucht, als wozu Höchstdieselbe als Landesherr, nach der Ihm zustehenden Gerichtsbarkeit, und Obliegenheit, für das Wohl Seiner Unterthanen zu sorgen, ja selbst Seine eigene Fundation zu erhalten, mithin die von Seculis her, zum Besten der piorum officiorum Seiner Stadt und Landes Hadamar, ununterbrochen bestandene Stiftung, nachdem die Jesuiten, auf ihrer Religions-Oberhaupts-Befehl, jene weiter zu versorgen, inhabil erkläret worden, zum Besten Seiner Unterthanen zu souteniren, und darüber, zu Erhaltung des nemlichen Endzwecks, anderweit zu disponiren; so wird dieses einem jeden Unpartheyischen anders nicht, als eine dem Fürstlichen Hause Nassau offenbar zustehende Gerechtsame und Schuldigkeit erkennen, und selbst die Reichsgerichte sind verpflichtet, dasselbe dabey vi officii kräftigst zu manuteniren. Aber eben dem gegenseits einmal §. 81. ad c) festgesetzten Satz nach wäre es also auch abseiten Runkel eine offenbare Contravention, wenn dasselbe Nassau an Ausübung solcher seiner Reichsständischen Obliegenheit durch seine neuerliche Störung heimlich und gewaltsamerweis turbiren, die so lange unverrückt bestandene Fundation verletzen, und, gegen den Religions-Frieden, die dazu gehörige Güter und Gefälle schmälern, und sogar an sich ziehen wollen. Glaubt Runkel, wegen des ehemaligen Hospitals Beselich, auf solche Gefälle ein Recht gehabt zu haben, und glaubte es, seinen Sätzen nach, sich als Landesherr schuldig, für die Gerechtsame seiner Unterthanen und respective Armen zu Unterhaltung solchen Hospitals zu sorgen; so hätte es diese seine Pflicht im Jahre 1628. gegen den Prämonstratenser-Orden, und im Jahre 1637. gegen den Herrn Grafen Johann Ludwig von Nassau-Hadamar geltend zu machen suchen müssen, nicht aber, ohne alle Widerrede, die Herstellung jenes Ordens im Jahre 1628. noch auch die Administrationsstrations-Uebernahme der Jesuiten im Jahre 1637. geschehen lassen, noch weniger aber hätte es sich 1644. gegen Hadamar per pactum verbindlich machen dörfen, alle solche in seinem Lande fallende Revenüen de præterito & futuro an die Administratoren der Jesuiten ohnfehlbar abliefern zu lassen, auch vor und nachher seine Unterthanen zu dieser richtigen Ablieferung per judicata anzustrengen. Jetzo, nach Verfluß von anderthalb Seculis, ware es keine Zeit mehr, wenigstens de facto, zu retrogediren; nunmehr blieb ihm nichts übrig, als die Nassauische Fundation in ihrer unverrückten Possession ruhig zu belassen, und allenfalls, wenn es sich dazu berechtiget glaubte, bey dem Judice competente in via juris seine Sache zu verfechten, auch nach Befinden den, selbst angeführtermassen, schon im Jahre 1717. gegen die Jesuiten angehobenen Prozeß zu reassumiren, und solchem seinen Lauf zu lassen.

Da die pia officia zu Hadamar, wie gesagt, schon seit 1637. und respective 1652. in dem ruhigen Besitz ihrer von Weyl. Grafen Johann Ludwig zu ihrem Besten gestifteten Fundation waren, und noch sind, so ließ sich deren Entsetzung durch keinen Schein Rechtens justificiren, und die Aufhebung des Jesuiten-Ordens alterirte auch, in Ansehung jener Officiorum, an ihrem ruhigen Besitzstande nichts, vielmehr blieb ihnen dieser allemal in salvo; nur kame es auf ihren Landesherrn und Protectorem auch Fundatorem an, zu ihrer Versorgung anderweite Vorkehrung zu treffen, und also nur das Ministerium officiorum neuerlich zu bestellen. Wie mag demnach von dem Gegentheil, gegen alle Evidenz, so unüberlegt in dem vorgebildeten Gravamine gesagt werden, das Kammergericht habe Eingriffe in die Landes-Hoheit gewagt? und, über die höchste Gewalt in geistlichen Dingen zu disponiren, sich angemaßet? da es nichts weiter unternommen, als über den privat Besitzstand zu erkennen, und den Gegentheil in die Gleisen des Rechts gegen alle factische Turbationen anzuweisen. Indessen scheinet der Gegentheil die gestörte Landes-Hoheit §. 80. darin zu suchen, daß das Kammergericht durch Aufhebung des Jesuiten-Ordens nicht dessen gehabte Benutzung pro bonis vacantibus declariret, ihm also die in dem Runkelischen gelegene Güter in solcher Qualität als Landesherrn zuerkennet.

Zuforderst scheinet man ex adverso, in Ansehung der bonorum vacantium, nicht recht bey sich zu Haus gewesen zu seyn. Denn in ihrer eigenen Beylage Nro. 20. sollen sie nicht als der Landesherrschaft heimgefallene Bona vacantia, sondern als solche angesehen

sehen werden, bey welchen das ehemalige Hospitals-Recht für die Runkelischen Armen ex anno decretorio 1624. — da doch damals Runkel, wie Nassau, protestantisch ware — reviviscire, und alsdenn muste natürlich die Qualificatio von Herrnlosem Gut wegfallen.

Doch dieses bey Seite gesetzet, so hat zwar der Gegentheil schon vorhin §. 77. sich auf die angeführte Boemerische Dissertation bezogen, um dadurch seine irrigen Sätze zu bestärken. Allein eine solche ex cathedra defendirte Meinung eines etwa durch singuläre Meinungen sich in publico bekannt machen wollenden angehenden Rechtsgelehrten verdienet in judicando so wenigen Egard, als pro re urente eingeholte Responsa. Es hat auch der Herr Hofrath Brauer (*) jenem schon hinlänglich begegnet; wohin man sich Kürze halber beziehen kann.

Ueberdas will man allerdings aus dem ex adverso Nro. 26. annectirten Reichshofraths Gutachten den ganz richtigen Satz annehmen, wie sich die Jesuiten-Güter, so wie alle andere, 1) in Fundations-Güter — welche nemlich zu einem ausdrücklich benannten Ziel und Ende, zu gewissen Schulen, Predigten, Mißionen u. d. gl. gestiftet worden — und 2) in solche neu acquirirte Güter, welche die Jesuiten-Collegia in Verlauf der Zeit theils durch Gewerb und gute Wirthschaft, theils durch Schenkungen und Vermächtnisse, *sive certa determinationis lege*, an sich gebracht haben — vertheilen.

In Ansehung der zweyten Sorte, als anher nicht gehörig, will man dermalen nichts berühren; und überläßt die deshalbige Controvers, in Ansehung des Instrumenti pacis, der weitern Ausführung derjenigen, welche dabey intereßiret seyn mögen. Hieher gehöret blos die Frage wegen der Güter der ersten Sorte; und diese entscheidet das angeführte Reichshofraths Gutachten, so wie es das hochpreisliche Kammergericht entschieden hat, nicht aus jenem Artikel des Westphälischen Friedens, sondern aus den allgemeinen Rechten, aus der Fundation, und der Päbstlichen Absicht selbst.

Die Jesuiten-Residenz ware von dem Nassau-Hadamarischen Landesherrn, als eine geistliche Staats-Gesellschaft, deshalb und zu dem Ende gestiftet, um in der Stadt Hadamar die geistlichen Ministeria, und das Schul- und Lehr-Amt zu versorgen (§. 7.). Was sie demnach ex hac fundatione & constitutione ihres Stifters und

(*) Abhandlung zu Erläuterung des W. Friedens IIter Band.

und dessen Successoren besaße, solches besaße sie nun zwar ex constitutione als eine solche Staats-Gesellschaft für sich, doch lediglich der Fundation gemäs, und blos in der Absicht, daß die dazu ausgesucht gewesenen Glieder der Residenz die sacras functiones in oppido Hadamar & tota ditione verwalten, und cum erudienda in classibus juventute, catechesibus, concionibus, piis exhortationibus, & sacramentorum administratione sich fleisig und NB. *constanter*, id est, beständig, beschäftigen solten. Ihrer Natur nach konte diese Staats-Gesellschaft, intuitu ihrer Officiorum, nicht aufgehoben werden, als Autoritate ihres Stifters und Landesherrn, oder dessen Successoren. Eben aus der Ursache aber konten auch deren Besitzungen keine Res vacuæ werden, denn, wenn auch gleich alle Mitglieder derselben zu existiren aufhören solten, so blieben doch allemal der Staat selbst, und dessen oberste Gewalt, die Landesherrschaft, und die pia Ministeria, zu deren Behuf die Stiftung selbst geschehen wäre.

Wenn demnach gleich von dem Pabst die ehemaligen Jesuiten-Orden aufgehoben, und dieser Orden in hac qualitate zum Mitwürken jener Staats-Gesellschaft, zur Versehung nemlich der geistlichen Officiorum unfähig erkläret worden, so blieben sie doch als Glieder jener Staats-Gesellschaft so lange in ihrem Esse, bis der Stifter und Landesherr, als der Staats-Regent und Protector officiorum, darüber anderweit disponirte; welches auch in gegenwärtigem Falle unterm 15. Sept. 1773. geschehen (§. 10.). Es fällt folglich aller Gedanke von Herrnlosen Gütern hier weg, als welche doch ihrer Natur nach keine andere, als Erb- und Herrnlose, oder solche Güter seyn können, auf deren Ge- und Verbrauch niemand ein wohl erworbenes Ausschliesungs-Recht mehr hat (*). Dieses läßt sich aber hier nicht fingiren, so lange die geistlichen Officia, zu deren Besten die Fundation geschehen, noch existiren; und durch die Ordens-Aufhebung konte zwar die Verwaltung der Jesuiten, nicht aber das Verwaltete aufhören, sondern, so nothwendig es blieb, daß von dem Landesherrn die weitere Versorgung der Officiorum von neuem bestellet würde, so gewiß blieb auch die dazu allein subsistirende Fundation.

Es ist also wohl abermals kein Zweifel, daß hier kein Gravamen statuum commune zu fingiren, und daß das Kammergericht nicht Landesherrliche Jura durch die Erkänntnis untergraben, vielmehr, daß

(*) BOEHMER jus publ. univers. Lib. I. Cap. 4.

daß Runkel Nassau in deren Ausübung, nach seinem eigenen, im Anfang dieses §. gesetzten, Grundsatz, strafbarerweis stören, und davon gewaltsam verdringen wollen. Man schreitet demnach

§. 23.

Zu dem

V^ten und letzten vorgebildeten Gravamine statuum communi. Dieses soll §. 83. darin bestehen: **daß das Kammergericht sich angemaßet, denjenigen Theil in possessione zu schützen, der keine Posseßion vor sich hatte.**

Es leuchtet jedem schon bey dem ersten Anblick in die Augen, daß dieses eine blose Quæstio juris privati seyn würde, und daß es dem H. Römischen Reich eben so, wie den sämtlichen höchst- und hohen Reichsständen, in Ansehung ihrer Reichsständischen Gerechtsamen und Prärogativen, gar nichts daran gelegen seye, ob das Kammergericht dem Herrn Grafen von Runkel, oder auch jemanden anders einen Acker u. d. gl. zu- oder abgesprochen habe.

Ob in einer Prozeß-Sache von dem Richter dieser oder jener geschützet worden? ob das Kammergericht secundum jura in thesi gesprochen, oder nicht? solches sind allemal Fragen, wo ein jeder Richter zuversichtlich zu erwarten hat, daß er dem einen Theil nicht nach Wunsch gesprochen habe. Aber eben deshalb sind die Remedia juris ordinaria verordnet. Es fällt also hier wenigstens alle Qualificatio zu einem Recurs ad Comitia Imperii weg. Und wenn bey diesem hohen Reichs-Conseß solche Beschwerden in privat Prozessen angehöret werden solten, so würden wohl bey dem Kammergericht sowohl, als bey dem Reichshofrath, wenige Urtheile erfolgen, welche nicht diesem Reichs-Convent zukommen dörften. Zu dergleichen Weg, die oberstrichterliche Erkänntniße, zum äussersten Nachtheil eines ungerecht Leidenden, von aller Execution abzuhalten, ist es aber noch nicht gekommen; und man hat also hoffentlich auch Fürstlich-Oranien-Nassauischer Seits deshalb in gegenwärtiger Sache nichts zu befürchten, noch weniger aber Ursache, den Ungrund des gegenseitigen Asserti — so wie gehörigen Orts überflüßig geschehen — auch hier weiter auszuführen. Dieses will man inzwischen nur, zu Erröthung des gegenseitigen Schriftstellers, gleichsam im Vorbeygehen bemerken, daß derselbe aus dem Grunde den Runkelischen Besitzstand älter, als

den

den Nassauischen, halten will, weil Nassau erst den 15. Sept. 1773. der Jesuiten-Residenz die Versehung der piorum officiorum, und damit zugleich die Verwaltung der dazu gehörigen Güter und Renten ab- und an sich genommen, Runkel aber schon, nach seinen Beylagen Nro. 15. bis 20. incl. seine spoliativischen Schritte einige Tage vorher gewagt gehabt, und in possessorio summariissimo, nach dem gegenseitigen Satz, ohne Ausnahme lediglich auf den ultimum actum possessionis reflectiret werden solle.

Es ist aber bekannt, und dasjenige, was schon vorhin gelegentlich gesagt worden, belehret zum Ueberfluß, daß schon im Jahre 1637. Weyl. Graf Johann Ludwig zu Nassau-Hadamar den dahin gezogenen Jesuiten die Verwaltung der geistlichen Officiorum in der Stadt und Land Hadamar übertragen, und ihnen zu dem Ende ihrer Subsistenz halber die in Frage stehenden sämtlichen Güter und Renten des neuerdings vom Kaiser und Pabst aufgehobenen Prämonstratenser-Klosters Beselich zur Administration übergeben. Es zeigt ferner die Fundation de 1652., daß er damals die Jesuiten-Residenz, mit Uebergabe jener Stiftungen, zu dem Ende aufgerichtet, damit sie dagegen das Predigt-Amt, Catechisation, nebst Beichtstuhl, und das Lehr- und Schul-Amt in der Stadt Hadamar und dessen Lande verwalten solten. Er behält sich ausdrücklich ohnehin als Landesherr das Jus superioritatis und protectionis bevor. Es ist nicht weniger ausser Widerspruch, daß bis den 15. Sept. 1773. diese Residenz in solchem Zustande unverrückt geblieben, und nicht nur ihre Glieder fundationsmäßig die ihnen obgelegenen geistlichen Officia verwaltet, sondern auch dem zufolge die dabey gestifteten Güter sämtlich benutzet habe. Es wurde zwar vorher in jenem Jahre der Orden der Jesuiten durch das Päbstliche Breve aufgehoben, in Ansehung ihrer Stiftungen und damit verbundener Officiorum konte aber natürlicherweis keine Aenderung ihres Standes erfolgen, bis von dieser ihrem Oberhaupt, dem Landesherrn, als Fundatore und Protectore officiorum, ihnen jene geistlichen Ministeria abgenommen waren. Selbst der Päbstliche Stuhl konte und wolte, in Ansehung solcher den Jesuiten hin und wieder mit geistlichen Seelsorgen und sonstigen Ministeriis zugewendeten Stiftungen nichts verfügen, sondern überließ solches den Fundatoribus ausdrücklich. Er verstande sich solches ohnehin in den protestantischen Landen von selbst, wo desfalls der Pabst nichts zu befehlen hatte.

Als man demnach Runkelischer Seits unterm 8. und respective 9. Sept. nach deren eigenen Beylagen Nro. 15. u. 16. auf einmal seinen Schultheisen und Heimburgern, ohne die mindeste Bekanntmachung an die Jesuiten, oder eine sonstige Behörde, eigenmächtig absque judiciali autoritate anzubefehlen sich ermächtigte, die Pächte und sonstigen Gefälle der noch, nach ihrer eigenen Benennung, zu Hadamar subsistirenden Jesuiten für die Runkelische Landesherrschaft in Beschlag zu nehmen, und alle Lieferung an jene, gegen das eigene Pactum de 1644. und gegen den Religions-Frieden, zu verbieten, sogar zugleich gewaltthätig zu verordnen, bey arbiträrer hoher Strafe niemand sonst zuzulassen, besagte Güter in Besitz zu nehmen, oder sich deren auf einige Weise anzumaßen; so ware zwar einestheils hier gar keine Besitzergreifung, sondern ein bloser Beschlag und Arrest; und dieser, zumal von dem parte turbante selbst, und in propria causa, absque cognitione, nec audita altera parte, also widerrechtlich, angelegt — führet notorie keine Besitzergreifung bey sich — arrestis enim & impedimentis ex impositione arrestorum possessio non amittitur. (*). Alles dieses mochte auch wohl der Gegentheil selbst erwogen haben; jenes widerrechtliche und unerhörte Verfahren solte also unterm 10. Sept. durch die Anlage Nro. 20. verbessert werden. Hierdurch wolte man von den, dem Angeben nach, durch Aufhebung des Jesuiten-Ordens von selbst erloschenen Besitzungen der Jesuiten, welche die Runkelische Armen aus dem in dem Entscheidjahre bestandenen Beselicher Hospital entsetzet hätten, Namens der Runkelischen Armen den Besitz ergreifen, und respective continuiren. Sämtliche in diesem Erlaß enthaltene Widersprüche will man hier nicht bemerken; jetzo mag genug seyn, wie es grundfalsch sey, daß durch Aufhebung des Jesuiten-Ordens auch deren zur besondern Stiftung gehörige Besitzungen von selbst erloschen seyen. Blos der Orden, oder dessen Regeln waren von dem Pabst caßiret, in Ansehung der Temporalium aber, welche die Jesuiten hie und da zu den ihnen besonders mitübertragenen geistlichen Ministerien genossen hatten, wolte und konte der Pabst, wie schon gesagt, zumal in protestantischen Landen, nichts verfügen, Er verwies solches vielmehr Selbst an die Fundatores und respective Landesherrn. Die Hadamarische Residenz ware von ihrem Landesherrn mit jenen Gütern und Renten blos zu dem Ende fundirt, um in Stadt und Land die mehrmals benannten geistlichen Amts-Verrichtungen zu versehen. Blos in Ansehung dessen

(*) GAILIUS de arrestis Cap. XII. n. 7.

dessen besassen sie von ihrem Landesherrn und Fundatore, als Protectore solcher Officiorum, jene Gefälle; von diesem allein hieng es demnach ab, seiner Jesuiten-Residenz jene geistlichen Amts-Verrichtungen und damit zugleich den Genuß der zu solchem Behuf gestifteten Güter abzunehmen, und über beydes anderweit zu disponiren. So lange dieses nicht geschehen, blieben die Jesuiten solcher Residenz in ihrer fundationsmäsigen Dienst-Verwaltung, und also auch in dem Genuß der dazu gehörigen Stiftung. Nassau übernahm solches alles uno actu erst den 15. Sept.; bis dahin konte also unmöglich eine Res vacua fingiret werden. Das Runkelische Unternehmen ware vielmehr offenbar eine contra absentes, ohne Vorwissen derjenigen, von deren Contradiction man Runkelischer Seits voraus versichert ware, unternommene, eigenmächtige, heimliche, und auf eine blose Landesherrliche widerrechtliche Gewalt und Macht pochende Störung. Diese Störung ware noch mit einer offenbaren Violenz um so mehr begleitet, als man in der Beylage Nro. 20. seinen Schultheißen sogar ausdrücklich befiehlt, sich jedermänniglich *realiter* zu opponiren. Diese gewaltsame Störung wurde auch noch selbst gegen den abgeschickten Notarius (Beylage Nro. 21.) wiederholet, da, auf ausdrückliches Befragen des Notarii, ob man gegen ihn Gewalt brauchen wolle? der von Runkel abgeschickte Kanzleyrath Ersfeld dieses bejahete, und selbst in des Notarii Gegenwart nicht nur seinen untergeordneten Schultheißen und Heimburgern den Befehl ertheilte, dem Benehmen des Notarii sich mit Gewalt zu widersetzen, sondern zugleich declarirte, wie dergleichen Befehle schon an alle übrigen Gemeinden ergangen seyen.

Wer wolte demnach wohl, da zumal inter Protestantes **der Westphälische Frieden von einem** anno normali **nichts weiß, hier an der Rechtmäsigkeit der oberrichterlichen Erkänntnis mit Vorbeygehung des** Fori austregarum **zweifeln, da die Runkelische** Turbatio violenta possessionis rei non vacuæ contra absentes **klar zu Tage liegt? Und wer würde wohl die gegenseitigen** Actus vulturios contra absentes, cum conjuncta violentia in re possessione non vacua, pro actibus manutenibilibus **ansehen? Man will nur hier, aus unzähligen andern, des Herrn geheimen Justizraths Pütter oben §. 15.** verbotenus **inserirte Gedanken anher wiederholen, und demselben kürzlich beyfügen, was Weyl. Herr Kammergerichts-Assessor von Cramer (*) sagt:**

(*) Obs. 608. §. 6.

Ad fundandum summariissimum non sufficiunt actus turbativi, spoliativi & contradicti.

Doch man will sich bey diesem blos die Justitiam causæ betreffenden, mithin nicht hieher gehörigen, Punkt weiter nicht aufhalten; und man könte hiermit gegenwärtige Beleuchtung ganz schliesen. Der Gegentheil gibt aber in seinem §. 84. sqq. noch Gelegenheit zu einigen Bemerkungen, welche man Coronidis loco noch anzuführen nicht undienlich findet. Es ist nemlich

§. 24.

ad §. 84. wahr, daß der Pabst 1) mit Aufhebung des Jesuiten-Ordens, deren Institut, id est, ihre Ordens-Regeln, aufgehoben. Dieses hatte aber keinen Bezug auf ihre anderweit von diesem oder jenem erhaltene Stiftungen. Diese waren kein Annexum des Jesuiten-Ordens, oder dessen Instituts. Es konten solche eben so gut an einen andern Orden, oder auch an eine weltgeistliche Gesellschaft geschehen. Dieserhalb überläßt also der Pabst die Besorg- oder Einrichtung der Stiftungen den Fundatoribus, oder den Landesherrn.

Es ist weiter 2) wahr, daß weder der Kaiser, noch das Reich dem Pabst jene Befugnis, einen geistlichen Orden aufzuheben, abgesprochen. Allein über die Fundationen, und die damit den Jesuiten von einem Landesherrn übertragenen Officia und deren Verwaltung anderweit zu disponiren, hat der Pabst sich selbst nicht einmal anmaßen wollen; in protestantischen Landen wenigstens gehörte solches, nach dem Westphälischen Frieden, für den Landesherrn. Eben deswegen hat auch kein Mensch den Hadamarischen Jesuiten das Päbstliche Breve angekündiget, oder ankündigen wollen, sondern dies alles blieb in statu quo, bis es der Landesherrschaft gefällig ware, ihnen die Aufhebung ihres Ordens durch das Breve, und zugleich auch die Aufhebung ihrer bisherigen Verwaltung der ihnen ex fundatione des Landesherrn anvertraut gewesenen Officiorum, aber auch dabey zugleich die Abnahme der damit verknüpften Administrationis bonorum fundationis, und deren Uebernahme von der Landesherrschaft zur weiteren Direction, bekannt zu machen. Dieses geschahe den 15. Sept. 1773. uno actu; und bis dahin waren die Jesuiten sowohl Administratores officiorum, als Bonorum fundationis. Eodem momento aber übernahme also auch die Landesherrschaft jenes alles zur eigenen Disposition. Alle gegenseitigen Actus possessione non vacua waren folglich turbativi, spoliativi und violenti.

Es

Es ist ferner 3) wahr, daß Kaiser und Reich die Fortdauer des Jesuiten-Ordens und deren Ordens-Regeln nicht anerkannt. Aber was will solches hier zur Sache? Oranien-Nassau verlangte solche auch nicht anzuerkennen; man hat ihnen eben deswegen die Verwaltung der Officiorum und der Güter abgenommen. Dieses konte auch in einem protestantischen Lande niemand thun, als der Landesherr und Fundator, mithin zugleich der Protector Officiorum.

Es ist 4) wahr, daß ein Reichshofraths Gutachten kein Conclusum und kein Reichsgesetz sey. Ein Conclusum aber wird es durch das bekannte „legebatur & approbatur". Wenn der Gegentheil etwa nicht überzeugt ist, daß das von ihm beygedruckte Reichshofraths Gutachten approbiret sey, so kann er nur bey dem geheimen Rath von Moser in den gedruckten zwölf Reichshofraths Gutachten das IVte nebst dem darauf erfolgten Reichshofraths Concluso vom 15. Febr. 1774. und dem Placet vom 25. ejusd. nachschlagen, und seine ganze Materie, sowohl de bonis vacantibus, als die von Conservation der Fundationen, völlig erschöpft finden.

Endlich erschöpft die Chikane des gegenseitigen Verfassers noch alles, was man nur denken kann. Der Schluß ist: Die Fundation ist etwas idealisches, die Possession ist ein Factum, jene Idee ist keines Facti fähig. Ergo kann die Fundation nicht besitzen.

Freylich die Fundation, oder die Sache, die darin enthalten, kann für sich keine Possession haben, doch aber diejenigen, zu deren Faveur solche Fundation errichtet ist, können aus derselben den Besitz haben. Runkel will ja sogar behaupten, daß seine Armen noch per fictionem in dem Besitz des schon vor anderthalb Seculis nicht mehr existirten Hospitals geblieben; warum sollen denn die Jesuiten, ehe ihre Fundation von dem Landesherrn, in Ansehung ihrer, aufgehoben ware, nicht in dem Besitz, alle solche Güter und Renten zu ziehen, gewesen seyn? warum sollen diejenigen geistlichen Officia, zu deren Besten jene Stiftung geschehen, nicht würklich in dem Besitz des Rechts seyn, daß derjenige, welcher sie versorge, auch von jenen Gütern den Genuß habe? und warum solte endlich der Nassauische Landesherr, als Fundator der Stiftung, und als Protector der geistlichen Officiorum, nicht mit in quasi possessione gegen jeden tertium turbatorem geblieben seyn? Dem jenseitigen Verfasser scheint zwar die Distinction inter possessionem vel quasi, auch die sonst bekannte Thesis, daß eine Possessio ipso jure beybehalten werde, oder auch übergehen könne, jetzo ausser Gedächtnis gekommen zu seyn; allein wer wolte sich mit dergleichen zum Eckel übertriebenen Dicentereyen aufhalten.

Es hat also der gegenseitige Verfechter bey all solchen vorgebildeten neuen juristischen Sätzen, wie er sagt, gar wohl errötheu können; nicht aber so viel über das Kaiserliche und Reichs-Kammergericht, als über seine unerhörte Behauptungen.

Sonsten hat freylich der Besitz besondere Vorzüge, aber auch die Spolia und gewaltsame Turbationes haben, nach ihrer verhaßten Beschaffenheit, besondere gesetzliche Verfügungen veranlaßet. So viel wenigstens bleibt allemal gewiß, daß dergleichen Spolia und gewaltsame Thathandlungen keine Effectus Possessionis operiren. Es würde sonst die gegenseitige Regel, daß ein solcher eingebildeter Possessor mehr Recht habe, den Besitz zu behalten, als ein Kläger hat, selbigen zu erlangen, eine zu erbarmende Justiz veranlassen, und ein jeder Strasenräuber würde bey seinem geraubten Besitz ganz sicher und ruhig bleiben. Nein so weit gehet der Favor Spoliantium noch nicht. Noch weniger wird zu des Spolianten schleunigster Condemnation eben allein Metus Armorum erfordert; eine jede gedrohete Gewalt, ja selbst eine verheimlichte Störung, ist schon genug, den Richter ad manutenendum, und auch zum schleunigsten Praecepto de restituendo verpflichtet zu machen. Wo würde es auch mit der öffentlichen Sicherheit hinkommen, wenn den höchsten Reichsgerichten, in solchen Fällen die schleunigste Justiz zu administriren, die Hände solten gebunden, und der Beraubte gezwungen werden, dem Spolianten mit schweren und oft unerträglichen Kosten in einem ordinären Rechtsstreit bis in die entfernte Ewigkeit nachzulaufen, um blos das ihm Entraubte zurück zu erhalten.

§. 25.

Daß zuletzt ad §. 86. die sogenannten Runkelischen Armen ad separatum verwiesen worden, wird wohl auch keine Qualificationem ad Recursum effectuiren sollen. Ohne also, daß es hieher nicht gehörig, kann der Herr Gegentheil jenes selbst nicht miskennen. Man versiret hier gegen den Herrn Grafen, als Turbantem und Spoliantem, in summariissimo; an dessen Factis haben seine sogenannten Armen, so viel man weiß, keinen Theil genommen. An dem Eigenthum der in Frage stehenden Güter und Renten haben diese auch nie etwas zu suchen gehabt; was sie etwa behaupten wolten, wäre höchstens ein Jus quoddam speciale, in das ehemalige Hospital Beselich Armen präsentiren zu dörfen. Das Hospital hat aber schon über anderthalb Secula nicht mehr existiret; es ist auch

auch seitdem nicht daran gedacht worden, einen Runkelischen Armen nach Befelich zu setzen. Soll dieses anmaßliche Recht von neuem resuscitiret werden, so erfordert es natürlicherweis eine vorhergehende causæ cognitionem; diese läßt sich aber in summarissimo nicht entscheiden, gehöret vielmehr, ihrer Natur nach, ad petitorium seu ordinarium. Auch hiebey will man sich also nicht aufhalten.

§. 26.

Aus all dem bisherigen erhellet also ad §. 87. überflüßig, auf was für eine höchst unzuläßige Art der Gräfliche Herr Gegentheil den Recursum ad Comitia, blos um seine strafbare Handlung vermeintlich ab executione zurück zu halten, zu misbrauchen suche. Bey einem solchen Recurs muß bekanntlich das Gravamen commune statuum so beschaffen seyn, daß es keiner weitern Cognition quoad factum bedarf, daß vielmehr die Transgressio jurium communium statuum alsbald extra acta zu Tage liege (*); weswegen auch gegen dergleichen Misbrauch, als der Justiz-Administration in dem H. Römischen Reich höchst nachtheilig, schon vieles Misfallen in den Reichsgesetzen bezeiget worden, wovon die Kaiserlichen Decreta de 1707. und 1715. (**) schon mehreres an Hand geben. Ueberdas ist auch diese höchste Reichs-Versammlung nicht derjenige Ort, wo eine Potestas judiciaria, sondern legislatoria vorwaltet, wovon der mehr angeführte Hr. geh. Just. Rath Pütter (***) nachdrücklich sagt: Si autem tantum ea potestas imploratur, quæ LL. fert, latarumque custodiæ generatim invigilat, recurritur quidem ad supplendum, si quis est, defectum legislatorium, & ad conservandam autoritatem legum in genere. Verum utcunque causa proponitur, in qua, *utrum recte cognitum, atque jus ad factum recte applicatum fuerit, nec ne? vel nova disquisitione facti dilucidari debet, vel ad dubium punctum juris redit, ibi a suprema instantia judiciaria ad supremam potestatem legislatoriam, sine summa rei judiciariæ & reipublicæ turbatione, recursus omnino admitti nequit.* Non enim statim dici potest, gravamen statibus Imperii esse commune. *Veluti si summa Imperii tribunalia in hypothesi contra jus primi fori statuum vel austregarum pronunciarunt.* Multæ enim dantur exceptiones in ipsis legibus Imperii fundatæ, in quibus cessat jus primi fori statuum Imperii.

M Merk-

(*) L. B. de CRAMER Sist. pr. Imp. §. 1597.
(**) FABRI Staats-Kanzley Tom. XII. pag. 260. Tom. XXVI. pag. 719.
(***) Introd. in rem judic. Imp. §. 492. & 493.

Merkwürdig ist hierbey das Schreiben Sr. Königlichen Majestät in Preußen an den Herrn Herzog von Hollstein Gottorp, in Sachen von Brackdorff contra Reventlau, wie solches aus Fabers Staats-Kanzley der Herr Kammergerichts-Assessor von Cramer (*) anführet, wo erster sagt:

> Daß nur allenfalls das ganze Werk auf blose pro und contra zu disputirende Quæstiones juris hinauslaufe, welche keinen solchen Misbrauch der Jurisdiction involviren, daß der darin an den Reichs-Convent ergriffene Recurs für genugsam qualificirt zu achten.

Es komt auch hier per superius deducta weder auf eine Interpretationem authenticam legis Imperii, noch auf einen novam legem selbst an, ja nicht einmal schlägt per dicta ein Gravamen partis privatum ein, und folglich leuchtet die Unzuläßigkeit des gegenseitigen Unternehmens auf allen Seiten hervor, so, daß solches billig eher von dem hochpreislichen Archidicasterio mit einer fiskalischen Strafe noch zu belegen, da dieses Gericht auf eine so ehrenrührige Art in dem Impresso angegriffen wird, als daß der unerlaubten Gräflichen Absicht, sich bey dem spoliirten Gut länger halten zu wollen, im geringsten favorisiret, geschweige gar in dieser blosen Justiz-Sache das der Gerechtigkeit so verhaßte Vorhaben durch ein Suspensivum solte bestärket werden. Doch, hierzu ist die teutsche Reichs-Verfassung allzugerecht, und sämtlichen höchst- und hohen Mitständen ist aus Gerechtigkeits-Eifer allzusehr daran gelegen, daß jeder bey dem Seinigen sicher seyn möge, und daß gegen dergleichen vulturische Handlungen die höchsten Reichsgerichte mit angeordnet sind, um dem Habsüchtigen schleunigen Einhalt zu thun, dem Beraubten aber alsbald zu dem Seinigen rechtlich zu verhelfen.

§. 27.

Des Prinzen von Oranien und Fürsten zu Nassau Hoheit halten Sich also auch ganz versichert, daß die unter Ihrem Allerhöchsten Oberhaupt versammlete Höchst- und Hohe Herrn Herrn Reichs-Mitstände diesen von dem Herrn Grafen zu Runkel, vermuthlich auf Anstiften böser Rathgeber, so Reichsverfassungswidrig gewagten Schritt mit gerechtem Misfallen bemerkt haben, der Gottgefälligen Justiz der strack Lauf gelassen, und dieser zuwider nichts werde verfüget werden.

(*) L. B. de CRAMER Sist. pr. Imp. §. 1598.

Anlagen.

Anlagen.

Lit. A.

Wier Ferdinandt der ander, von Gottes Gnaden Erwöhlter Röm. Kayser, zue allen zeiten mehrer des Reichs, in Germanien, zue Hungarn, Böheim, Dalmatien, Croatien, vndt Sclavonien König, Erzherzog zue Oesterreich, Herzog zue Burgundi, Steyer, Kärndten, Craien, vndt Würtenberg, Graue zue Habspurg, Tyroll vndt Görz, Entbiethen dem Edtlen vnserm vndt des Reichs lieben Getrewen Philips Ludtwigen Grauen zue Wiedt, Herrn zue Runckell vndt Eisenburg, vnser gnad vndt alles Guets. Edtler lieber getrewer, Vnserm Kayserlichen Cammergericht haben die wohlgeborne Vnsere vndt des Reichs auch liebe getrewe Ernst Casimir, Johann Ludtwig, Johann, Wilhelm Ludtwig Henrich, vndt Albrecht, gebrüedere vndt Vetter, alle Grauen zue Nassaw Catzenelnbogen, Vianden vndt Dietz, Herrn zue Beylstein, supplicirendt zu erkennen geben: Obwohl in des heiligen Reichs satz vndt ordtnungen heilsamblich versehen, daß keiner demselben ohnne mittel verwant, einen andern ohngemittelten Reichsstandt, oder dessen angehörige vndt Vnderthanen vmb einigerley Vrsach willen, wie die nahmen haben, auch in was gesuchtem Schein es geschehen mochte (allein Malefitz ausgenommen) durch sich selbst, oder die seinen vergewaltigen Fehen, Pfenden, noch andere Beschwerungen zue füegen soll oder mag, sondern ein jeder vmb seine habende oder vermeinte Spruch vndt forderung das ordentliche Rechtt an gebührenden ohrten suchen, gebrauchen, vndt an desselben austrag sich begnügen lassen soll, wie wohl auch Ihre Vorfahren, Grauen zue Nassaw Catzenelnbogen, Weylandt den Grauen zue Wiedt, Herrn zue Runckell vndt Ysenburg, sodann die jeztlebende Sie supplicirende Grauen, die vndt deinem Brueder, Grauen Wilhelmen vndt Hermannen, auch Grauen zue Wiedt, Herrn zue Runckell vndt Ysenburg, vff würcklich geleistete Lehen-Pflicht vndt Aydt, die zwo Centen, Schuppach vndt Vnnaw, mit allen Ihren zuegehören, vndt mit allen denen Dörffern, die darzue beschrieben sein, mit Nahmen Enderich, mit Hoffen, vndt Steeden, vndt darzue mit Oberdieffenbach, mit allen zuegehör, Alß die Grauen zue Wiedt, dieselbige nach lautt der alten Lehenbrieff hergebracht, zue rechten Mannlehen geliehen, aber ihr angehöriges Hospitall Beselich, welches in unstreitigem Nassaw Catzenelnbogischem Territorio gleichwohl sonsten denen verliehenen Lehens Dorffschafften nahe gelegen, mit allen seinen freyheiten, insonderheit alle Jura territorialia, alle hohe vndt niedrige Obrig- vndt Herrlichkeitten, sonderlich auch das Jus administrationis vber alle desselben Hospitals Ordtnungen, gebewen, Pfrimdnen, vndt allen Jährlichen inkombsten halben, die seyen gleich, woher sie wollen, ins Hospital fällig, zue dessen Vffnehmen vndt nutzen zue bestellen, gegen menniglich, vndt mit nahmen gegen die Grauen zue Wiedt Jederzeit ruhiglich hergebracht, vndt solcher Ihrer Possession vel quasi, von Vhralten vndt von Vnuerdencklichen zeitten vndt Jahren hero gewesen, vndt noch sein —— so hettest du doch, dessen alles vngeachtet, durch deinen Secretarium, Cantzleyschreibern vndt etliche denselben zue gegebene Soldaten in angeregtes Hospitall gewalthätig einfallen, vndt daraussер zwo Pfrundner Persohnen, Peter vndt Dorothea genannt, vff angeforderte ergebung zur gefengnus, sambt Ihren Kleidungen vndt Mobilien himwegnehmen, vndt gen Runckell verstrickt abführen, gestracks darauff des jetzt erwehnten Hospitals eigenthumbliche Weingartten durch vffgemahnte Mannschaft zweyer Dörffer, vndt etliche seiner Soldaten leesen, auch die trauben, vndt den Wein Ebenmäßig gen Runckell hinweg nehmen lassen, vndt bis auf diese stundt, vnangesehen auff Nassauischer seiten deshalben vnderschiedliche schreiben an dich abgangen, weder die zwo verstrickte Pfründtner Persohnen, noch die entführte Wein, Kleider vndt andere Mobilien einiges wegs restituiren wollen, dardurch das Factum ratificirt vndt genehm gehalten, alles der gentzlichen Intention vndt meynung, durch solche thätliche eingrieff in mehrbesagtem Hospitall Boeselich eine neue zue vor nie gehabte gerechtigkeit, vndt benenntlich die oben erzehlte freyheiten, Jura territorialia, hohe vndt niedere Ober- vndt Herrlichkeitten, zuemahl vndt insonderheit obernennt Jus administrationis vber vielmahl genenntes Hospitall Boeselich, dessen angehörige Leuth vndt gefäll zue suchen vndt zue erlangen, hiengegen sie vmb Dero würckliche Possession vel quasi, oder gebrauch solcher freyheiten, Rechten vndt gerechtigkeiten zue bringen, vndt Deroselbigen zue verbringen. Wan dan dies gegenwertig Factum sowohl an sich selbst höchst ärgerlich, gemeinem Frieden zuemahl vorbesagter Constitution der Pfandung zue wieder, vndt vnuerandtwortlich, welches vngeandert nicht kan gelassen werden, auch besagts vnsers Kayserl. Cammergerichts Jurisdiction, weill beyde theill deme heyligen Reich ohne mittel vnderworfen, richtig gegründet wäre; solchemnach vmb diese vnsre Kays. Mandat vndt Ladung wieder dich zue erkennen, vndt mitzuetheillen, vnderthenigilich anruffen, vndt bitten lassen, auch erlangt, daß Ihnen dieselbe, so viell ermelte beede Pfrindtner Persohnen vndt deren abgenommene Kleydung betr. an heut dato erkent worden seindt. Hierumb so gebieten Wier dir von Röm. Kays. Machtt, bey Poen acht marck Lotigs goldes, halb in vnser Kays. Cammer, vndt zum andern halben theill Ihnen Clägern vnnachleßig zue bezahlen, hiemit ernstlich vndt wollen, daß du den nechsten

nach

nach Vberandtwortung oder Verkundungen dies briefs, ohne Verzug, einredt, vndt entgeldt, obbesagte verstrickte vndt endtfürte zwo Pfrundner Persohnen, sambt deren abgenommenen Kleydung, doch gegen gewonliche Versprechung der Wiederstellung, so es künfftig in recht erkendt werden möchte, erlassest, wiedergebest, vnd an seinen ohrt ein jeder lieferest; hierin ferner nit seumig, hinderstellig, oder vngehorsamb seyest, alß lieb dir seye, obvermelte Poen zue vermeiden; daran geschicht vnsere ernstliche meynung. Wier heischen vndt laaden dich von Röm. Kays. Machtt auch hiemit, daß du vff den dreyßigsten tag demnechsten nach gemelter Insinuation vndt Verkundungen, deren Wier dir zehen vor den ersten, zehen vor den anderen, zehen vor den dritten, letzten vndt endtlichen Rechtstag setzen vndt benennen, peremptorie; oder ob derselbig nicht ein gerichts tag sein würdt, den nechsten gerichts tag darnach, selbst, oder durch einen Vollmechtigen Anwalden an denselben vnserm Kays. Cammergericht erscheinest, glaublich anzeig vndt beweiß zue thun, daß diesem vnserm Kayserl. gebott alles seines Inhaltts gehorsamblich gelebt sey, vndt wo nitt, alßdan zue sehen vndt hören, dich vmb deines ohngehorsambs Willen in vorgemelte Poen gefallen sein, mit Vrtheill vndt recht sprechen, erkennen vndt erklären, oder aber bestendige erhebliche einreden, ob du einige hettest, warumb solche erklärung nit beschehen soll, dabeneben dieses Pfendens vndt verstrickens angemaste gerechtigkeitt in rechtt, wie sichs gebürt, für zue bringen, darauff der sachen vndt allen Jhren gerichts tägen vndt terminen biß nach endtlichem beschluß vndt Vrtheill aus zue wartten. Wan du kommest vndt erscheinest alßdan also, oder nicht, so wirt doch nichts desto weniger, vff des gehorsamen theils, oder seines Ahnwaldts anruffen vndt erfordern, hierinnen in rechten mit gemelter erkandtnis, erklärung vndt anderm gehandelt vndt procedirt, wie sich das seiner Ordtnung nach gebürt. Darnach du dich zue richten. Geben in vnser vndt des heil. Reichs statt Speyer, den viertzehenden tag Monats May, nach Christi vnsers lieben Herrn geburt im 1624. vnserer Reiche, des Römischen im fünfften, des Hungerischen im sexten, des Böhmischen im Siebenden Jahren.

Ad Mandatum Domini Electi
Imperatoris proprium

Cyp. Vomelig. Staper Verwalter subsc.

Guilhelmus Artopaeus Judicii Imperialis Cameræ protonotarius subs.

Lit. B.

Hochwolgeborner Graff, Genediger Herr ꝛc. Was nechst abgewichenen mittwoch, welcher war der 13. hujus styl. correct. mir, alsbald bey apprehendirt- vndt ingenommener possession dessen vnder Euw. Gn. bottmeßigkeitt gelegenen Gotteshauß Beselich, der wohlEhrw. vndt Geistliche, mein gepietendter Herr, Herr Wilhelmus Grüter, Abtt des Gotteshauß Scheydt, vndt Commissarius ordinis præmonstratensis, Krafft habender gewalts, mandirt vndt befohlen hat, Ein solches haben Euw. Gn. ab beylagen gnedig zu ersehen; solchem nun seiner wohlEhrw befehl einen genügen zu thun, weiln mich als ein ordens persohn zu pariren vnd gehorsamb zu leisten schüldig vndt pflichtig erkenne, Als habe zu solchem endt effectu mich heut, Samstags den 16. hujus, anhero zu gedachtem Beselich zu verfügen nicht vnderlassen sollen. Damitt aber von Euw. Gn. bey Ambten, Diener vndt Vnderthanen in gedachtem Closter friedtlich, vndt vnturbirt verpleiben, auch meinem vffgetragenen officio gepührendtermassen nachkommen, vnd folg leisten möge, auch von des Closters Renthen vnd gefällen nottürfftig vnderhaltung habe, So gelangt hierumb an Euw. Gn. mein vnderthenig vnd demütige pitt, dieselbe sich gnedig belieben vnd gefallen lassen, den ihrigen, vnd beuorab dem Kellner zu offtgedachtem Beselich zu befehlen, mir wohnung vnd fernere Leibs Vnderhaltung nahe gelegenheit vnd Vermögen verschaffen, damitt mich der ortts durchtragen, vnd meinem Befehl vngehindert der Gebuhr abwarten möge. Bin ein solches vmb Euw. Gn. mitt vnderthenig vndt demütigen Diensten nahe eusserstem Vermögen zu beschulden mehr williger, als willig; Dieselbe dabey Göttlicher protection zu beharlicher Leibs gesundtheit, vndt langtwieriger glückseliger regierung zum trewlichsten entphelendt, gnedig- vnd wilfähriger Resolution, nochmaln vnderthenig pittendt, gewärtig. Signatum Beselich den 16. Sept. Ao. ꝛc. 1628.

Euw. Gnaden

vnderthenig dienstwilliger

F. Wilhelmus Essenaw

Constit. provisor ibid. mppr.

Lit. C.

Frater Wilhelmus Grüter, permissione divina Monasterii Scheydensis ordinis præmonstratensis humilis Abbas, Reverendissimi Domini Generalis ad partes superioris Germaniæ & vicinas Commissarius, nec non a capitulo provinciali Circariæ Westphalicæ in effectum subsequentem specialiter deputatus, venerabili & dilecto nobis in Christo Fr. Wilhelmo Essenauwer salutem & religionis propagandæ studium. Postquam in vim Commissionis nostræ possessionem in Monasterio nostro Beselich hucusque aliquamdiu a Comitibus de Nassauw occupato redintegravimus, & in statum ejusdem tam spiritualem, quam temporalem diligentius animum intendimus, omnino necessarium nobis visum fuit, ut ibidem religiosum ordinis nostri prædicti pro possessionis continuatione, redituum & annuorum proventuum receptione, ædificiorum reparatione, & demum regularis vitæ, quæ jam dudum inde exulavit, reductione constitueremus & relinqueremus; Ideoque te, cujus scientia, pietas & experientia nobis est perspecta, authoritate & potestate nobis hac in parte concessa, provisorem ibidem, usque ad ulteriorem nostram dispositionem, constituimus & ordinamus, hæc immediate subsequentia tibi in virtute sanctæ obedientiæ mandantes.

Primo. Ut ibidem ab hac hora quam primum cum uno juvene seu famulo resideas, nec ullo prætextu seu occasione inde absque nostro expresso mandato recedas.

2do.

2do. Omnia necessaria pro officio divino, & sacrosanctæ præsertim missæ sacrificio compares, illudque sæpius pro fundatorum salute Deo omnipotenti offeras.

3tio. Ut in omnes reditus & bona, tam mobilia quam immobilia, ad Monasterium pertinentia diligenter inquiras, eorum possessionem omni meliori via & modo arripias, & recuperare studeas.

4to. Omnia recepta diligenter annotes, nobis de iis postea redditurus rationem in eum finem, ut pro ædificiorum necessariorum & claustri reparatione conserventur, & quam primum juxta fundationem sanctimoniales ordinis eo destinentur, ex proventibus istis postea alimentando, & Deo optimo maximo conformiter regulæ, statutis nostris & fundatorum intentioni jugiter serviant.

5to. Postquam de proventibus multum vel parum receperis, juxta proportionem & debitam discretionem Elemosinas facias; Insuper hominem istum stupidum & mutum, qui modo ibidem est, de Christi & pauperum substantia alas.

Demum temetipsum omnibus vicinis præbeas bonorum operum exemplar, ut ex vita tua & actibus religiosis cognoscant, nobis aliud nihil esse propositum, quam ut Dei omnipotentis honorem, Ecclesiæ & religionis salvificæ propagationem, & multarum animarum salutem quærere & promovere, pieque fundatorum menti & intentioni satisfacere.

Et in hunc finem omnes Principes & Magnates, præsertim vero Illustrissimum & Reverendissimum Principem Electorem & Archiepiscopum Trevirensem, item generosum Dominum Comitem de Nassauw Hadamar, & alios in terram Monasterio vicinam prætendentes humillime & instantissime rogamus, ut tibi in prædictis omnibus & singulis clementissima gratia sua & auxilio assistant, te manuteneant, & contra quoscunque tueantur & defendant. Tibi interim etiam potestatem concedentes, prædictam gratiam & auxilium in necessitate & opportunitate quærendi. Insuper, si opus fuerit, & necessitas exegerit, quos libet Sacræ Cæsareæ Majestatis Colonellos, Capitaneos, & quos libet alios officiarios implorandi & invocandi.

In quorum fidem & robur hasce manus nostræ subscriptione, & pitsecti sub impressione communivimus. Sic actum in oppido Limpurgk die 15. Sept. Ao. 1628.

F. Wilhelmus Grüter,
Abbas & Commissarius, qui supra &c.

Lit. D.

Lit. D.

Copia Schreibens Grafen Johann Ludwigs zu Nassau-Hadamar an den Provisorem *Essenaw* zu Beselich.

Johann Ludwig ꝛc.

Unsern gn. gruß, unn geneigten guten willen zuevorn, Würdiger, Andächtiger, lieber besonder. Wir haben auß ewerem unterm dato Beselich den Acht unndt zwanzigsten diß monats Aprilis an unnß abgangenenn, unndt heute alhier eingeliefertem Schreiben mitt mehrerem verstanden, wasmaaßen Ihr Zeitt, tag vnndt ort, daran ihr die Beeselichische Documenta mögtt abholen lassen, euch benambt zue werden begärer. Füegen euch hieruff an, daß wir zuefrieden sein wöllen, wann ihr morgenden Donners tags zue Acht tagen anhero kommen, unndt solche Documenta der gebüer empfangen wöllet, worbey wir unns versichert halten, „ daß der orden sampt dem Closter Arnstein unnß unndt unserm Nassau- „ Catzenelnbogischen Hauß an deme Eigenthumb des Closters Beeselich, „ immaßen es vor lenger, als dritthalb hundert Jahren hero desselben „ unnßers Haußes eigenthumb gewesen, unndt geschrieben worden, deß- „ gleichen an unnßerer temporal oder weltlichen unndt Lanndtsherrlicher „ Obrigkeitt deß orts keinen eintrag, abbruch, oder hinderniß zue zue- „ füegen begären, Sondern vielmehr deßwegen von Herrn Apten zue „ Arnsteln erclärende versicherungs uhrkundt inn gezimender formb mitt- „ pringen, unndt unnß einhändigen werdet, gestalt wir nicht zweiveln, euch ohnentsunckenn sein werde, daß Herr Apt zue Scheide, alß bey unnß derselbige inn ewer gegenwart das Closter gesonnen, zuegleich auch selbsten „ unnß unndt unnsern Hauß solche rechten vndt gerechtigkeiten gestanden „ hat. Sindt also ewer erclärung, ob vff angesetzten Tag Ihr anhero kommen, unndt berurte uhrkundt, so bey gegenwertiger enderung in unnßerm Hauß nöthig seyn erachtet wirdt, mitpringen, oder vff einen andern unndt welchen Tag Ihr also bey unnß einlangen wöllt, gewärtig, damitt nicht etwan verhinderliche geschäffte immmittelst vff solche Tage gelegt werden mögen. Thun euch hiermit gottlicher gnädigen Bewahrung empfehlen. Geben Hadamar den $\frac{23}{3}$ $\frac{\text{April}}{\text{May}}$ 1629.

Ad Lit. D.

Den $\frac{2}{1}$ Juny Ao. etc. 1629. Seind alhier vf Herrn D. Ficini gemach erschienen Herr Jacob Paisor, Stattschreiber zu Limpurg, vnnd Ehr Wilhelmus Essenau, Provisor zu Beselich, vnd zeigtt daruf — Herr Jacob Paisor ahn: man wiße sich wohl zu erinnern, wasmaßen, vf Ihrer Kayßerlicher Maytt. befehl, ansuchung geschehen durch deren Prämonstratenser orden, die geistliche guter zu restituiren, beneben denen brieffen vnd Documenten zum Closter Beselich gehörig, vnd daß der heutige tag zur lifferung deren priefen angestellt worden. Herr D. Ficinus zeigt Ihnen den Paß des Lehen briefs vor, vnd zeigt ihnen darbey ahn, dz das Closter Besellich vf vnsers gn. Herrens alleiniger vnstrittiger Obrigkeit lige, „ Woruf Ehr Wilhelmus Essenau gab zur antwort, sie wehren geistliche „ Persohnen, wüsten wohl, daß sie in politicis, wie auch in Regiments sachen,

„ sachen, nichtes zu thun hetten, begert auch seines theils sich nachbarlichen zu bezeigen. Diesemnach wird ihnen das Kistlein mit denen Documenten vnd priefen bona fide dergestallt zugestellt, daß, mit Zuzihung Philips Zaunschlüssers, sie die briefe durchsehen, consigniren, vnd eine quittung darüber hinderlassen solten, so sie zu thun versprochen.

N. Hiernegst folget die designation deren gelieferten briefen, vnd deßwegen von Provisorn zue Beeselich zurug gegebene Vhrkundt.

Subadjunctum ad Lit. D.

Designatio deren den 11ten Junii 1629. dem Provisori zue Beeselich Fr. Wilhelmo Eßenauern vnd Stadtschreibern zue Limpurg Jacob Pasors gelieferten brieflichen sachen zum Closter Beeselich gehörig.

1. Item sibenzehen heeb oder Rentregister in 4to eingebundten.

2. Item ser vhralte Heebregister, ingebundten.

3. Ablasbrif de A. &c. 1326.

4. Eine alte Roll vnd verzeichnus zue dem Closter Bööselich gehöriger Höve vnd gueter.

Ein Kaufbrif wegen der Vogtei zue Niedertiesenbach mit 4. sigell, des Convents sigel im Meßing gestochen, mit 3. alten schlüßel, vnd einem stecheißen.

Rechtspruch zwischen hen von Schuppach vnd dem Clooster Bööselich.

Vertrag zwischen denen von Niedertiesenbach vnd dem Closter Bööselich. Ist 2mahl vorhandten.

Legitimationsbrief Jungfer Sophien.

Tauschbrif zwischen Arnstein vnd dem Closter Beeselich gehalten.

Ablaßbrief.

Kaufbrif mit Hansen Hartgen zue Schuppach.

Verlehnung ein morgen Landts vf der hinder Dickenbach, schneider Jacobs Sohn Josten.

Vertrag zwischen dem Stifft Diekirchen vnd Closter Beselich vber 8. Malter Korns.

Versigelt Brif vber 4. Pfund Wachs zue Obernbiffenbach.

Vertrag zwischen dem Closter Beselich vnd einem pfahre zue Obernbiffenbach. versigelt.

Kaufbrif ettlicher guetter zue Obernbiffenbach. versigelt.

Kaufbrif, betreffendt Schuppach.

Kaufbrif ettlicher guetter zue Schuppach.

Entscheidtbrif vber die guetter zue Wirbelau.

Kaufbrif dritthalb Malter Korns.

Ein Brif vber ein Malter Korn Güll zue Obernbiffenbach.

Lösunge brif vber 4. Gl. Schuppach betr.

Vertrags brif zwischen dem Closter Beselich vnd Johan Schmit von Diez Keller zue Hadamar.

1495. vff Laurentij.

Copia Privilegiorum ordinis Præmonstratensis, in forma Instrumenti.

Tauschbrif mit dem Closter Arnstein gehalten 1266.

Consecratio vber die Capel bej Böeselich.

D Zween

Zween Pergaments Vertrag zwischen Kloster Bööselich vnd den Brambachen.

Tauschbrif zwischen dem Closter Böselich vnd Closs Gelssen von N. Diffenbach.

Jtl. Theiß Schmitt zue Schuppach bekent, dem Closter 20. Gl. schuldig zu sein.

Die Junkern von Schonborn 7. Malter Korn betreffendt.

Oberndiffenbach peter Schefer 7. Gl. betr.

Ein brif betreffent die Girnbach.

Ein papirn brif betreffendt zwej Dreiling Korns zue Schuppach.

Instrumentum depositionis testium Beeselich contra Niedern Tiffenbach.

Ein brif betr. zwej malter Korns.

Instrumentum vber die Roßheck.

Hoofs Belehnung zue Schuppach Erfft Zimmermanns.

Jtl. ein brif vber 14. schl. zue Limporg in der Becker Gas.

Ein alter brif vber den Hoof zue Holzhausen.

Ein briflein vber den Weingartt zue Selbach.

Verlehnungs brif zweyer morgen Landts zue Schuppach.

Hoofs Verlehnung zue Gaudernbach.

Ein kaut mit dem Closter Mergenstadt gehalten.

Hoofs Verlehnung zue Oberndiffenbach.

Verlehnung vber 6. morgen Landts zue Gaudernbach.

Verlehnung der gueter zue Falkenbach.

Verlehnung einer Wiesen zue Selbach.

Brif vber ein halb Pfund Wachs vnd 1. Hun zue Oberdiffenbach.

Verlehnung eines stück Landts zue Oberndiffenbach.

Verlehnung des Wäschstücks.

Verlehnung ettlicher gueter zue Schuppach.

Vertrag zwischen deme Convent zue Boeselich vnd Johan Schneißen.

Ein brif betr. 1. Pfund Wachs vnd 2. Hüner.

Jtem etlich vnd achtzig Lehnbrif vber gueter.

Rentbrive, inhaltendt zwanzig Gl. Capital. Des alten Schmits.

Verlehung etlicher Hofgueter zue Zeuzheimb.

Noch etliche Verlehungen in einem pergaments sack.

Jtem noch allerhandt vhralte Documenta, versigelt vnd vnversigelt, vber gueter, verträg rc. innem gebundt beisamen gebundten.

Alle vorgeschriebene briff seint heut dato den 4 Juny mir Fr. Wilhelmo Essenauwern Provisori zu Beselich in Obernhadamar von dem Ehrnvest vndt hochgelehrtten Herrn Herrn Wolfgange F. Ficino dero Rechten Doctorn vnd Gräueligen Nassauwischen Rath vnd Hoffs Directori richtig mit sampt einer Kisten gelieffert worden etc.

Jacob Paisor Stattschreibern.
Requisitus bekenne wie obstehet.

Lit. E.

Lit. E.

Ferdinand etc.

Edler lieber gethreuer, Vnnß hatt der (tit. Graf Johann Ludwig zu Nassau) in Vnderthenigkeit zu erkennen geben, daß, obwolen das Closter Weselich in seiner Landts Obrigkeit gelegen, vnd in allen Lehenbrieven, so die Grauen zue Wiedt als Herrn zue Runckel vber etliche bey genanttem Closter Weselich gelegene Zenten von seinen Vorfahrn vnnd gebrüedern Grafen zu Nassau empfangen haben, jedesmal sambt seiner Freyheit auß- vnd vorbehalten worden, das du doch der Zeith hero, alß du zu Runckel gewohnet, nach Außweißung deß Weselichischen Verwalters Rechnungen von desselben Closters Hofleuthen in Runcklischen Gebiett 80. Malter Khorn, vnd auf der Closter Mühlen, die finster mühl genannt, vonn 1623. bis ins Sechzehenhundert Acht vnndt zwanzigste Jahr bey des inclusive Sechs jährigen Pfachts, nemblich 36. Malter Korn, deßgleichen auch des Closters Weingartten im 1623. vnnd 1624. Jahren vier Fuder weins zu deiner Haußhaltung in deinen nutzen eingezogen vnd verbraucht, darneben dem Closter-Verwalter durch angelegte Verbott, durch getrohete straffen, vndt sonsten vielerhandt verhinderungen, zu des Closters hinderständigen Fruchten vnd gefellen bey den Runcklischen Vnderthanen nicht gelangen können, sondern merckliche Restanten darauf zusammen wachßen, vnnd biß dato anstehen verbleiben müßen.

Ob nun zwar Clagender Graff dich deßwegen gebüerlich ersucht, Jme solche eingenombne Früchten vnnd Wein, oder derselben gebüerenden Werth zu erstatten, wie auch die Abschaffung des Closter Verwalters geklagter Verhinderungen, vnnd einwendung obrigkeitlicher hilff bey deinen Runckelischen Vnderthanen zu füerderlicher Bezahlung Jhrer außstandt vnndt schuldigkeiten zuuerfüegen; So hab er doch noch biß dato ainige willfährige antwortt, noch die würckhliche restitution vnd erstattung von dir erlangen können, mit vndertheinigster bitt, daß wir hierinnen vnsere Kays. hilff gnädigst einzuwenden geruhen wolten.

Wann Vnnß dann Kays. Ambts halben, menniglich bey dem seinigen handt zu haben, obligen vnd gebüeren will, die obgerüerte abgenommene Pfachten auch Clagenden Grauen von Nassau, vermög der Lehenbrieven in allweeg reseruiret, vnd anjetzo von demselben zur reformation der Catholischen Religion angewendet werden. Alß befehlen wir dir hierauf gnädigst, daß du obgedachtem Grauen zu Nassau die abgenommene Pfachten deß obspecificirten Korns vnnd Weins, oder dessen billigmeßigen Werth darfür alsbalden vnd ohne ainigen Verzug wiederumb restituirest, erstattest vnd guett machest, wie ingleichem auch deine Runcklische Vnderthanen zu lieferung ihrer noch hinderständigen vnd inskünftig verfallende Klosterpfachten vnd was deme anhängig mit ernst vermanest vnd anhaltest, An deme, erstattest du vnnsern gnädigsten auch ernstlichen willen vnd mainung, vnd seindt dir mit etc. Geben zu Regenspurg den 20. Aug. Ao. 1630.

(L.S.)

Collationirt nach der Kays. Reichs Hof Canzley Registratur, vnd derselben von Wortt zu Wortten gleichlauttendt befunden worden, zu Urkundt ist ihrer Kays. Maytt. Secret Jnsigel hiefürgetruckt, vnd von mir aigener handen vnterschriben. Actum Regenspurg den 26. Augusti Ao. etc. 1630.

Georg Dietterlin Reichs-Hof-Canzley Registrator mppr.

Lit. F.

Invictissime & Augustissime Cæsar &c.

Triennium agitur, ex quo ordo sancti Norberti, Monasterium (Beselich) quondam sanctimonialium, jussu & authoritate Sacratissimæ Cæsar. Majestatis Vestræ &c. uti assensu quoque Principis Electoris Trevirensis &c. reintroductis postliminio usibus catholicis, incolere cœpit, & in eo, gliscentibus hæretici militis insultibus, per temporum injurias, rerum quoque suarum ac vitæ discrimina, stationem etiamnum continuat; dum interim, de Majestatis Vestræ Cæsareæ &c. benignissimo adfectu lætior, Sopitis, magna parte, quæ circumstrepebant difficultatibus, securitatem sibi aliquam adfuturam polliceri incipit, novo Dei famulos turbine percellit Generosus Comes Joannes Ludovicus a Nassau &c. Dominus in Hadamar &c. & dum conquisitis prætextibus a coloribus sanctitatem suam &c. pro extinctione hujus Monasterii interpellat, Principem Electorem Trevirensem eo permovit, ut proventus omnes, nulla interim facti reddita causa, arresto subdiderit, & religioso, dispositione sui ordinis divina ibidem facienti, tam ad locum, quam ad vitam, requisita interdixerit, sperans, hac necessitate fractum, loco ultro cessurum. Supplicem se præbuit iteratis vicibus ordo Principi Electori, & ipsum quoque Comitem sollicite requisivit, quatenus vel causam saltem arresti aut sequestrationis revelent, verum inaniter hactenus, quin potius mandatis anterioribus severiora subnectuntur, adeo ut ordini, pro possessionis, benignissima ordinatione Sacræ Majestatis Vestræ &c. primum aditæ, & huc usque continuatæ, tuitione, authoritatem supremam Majestatis Vestræ &c. & zelum justitiæ, quo imperium universum eximie illustrat, inclamandi fiat necessitas &c. Speramus autem omnino, summæ pietati, qua sanctissimo Patriarchæ Norberto, Archiepiscopo olim Parthenopolitano & Germaniæ Primati, se probare dignata est Majestas Vestra, dum e Babylone illa & inglorio in ea situ, sacratissimas tanti sancti exuvias in speculam regni sui Bohemici extulit, id quoque accessurum, ut Patrimonia tanti Patris, quæ impiis in prædam cesserant, & tandem magno molimine, rerum quoque & vitæ dispendiis, a Filiis in libertatem Catholicam asserta sunt, eisdem servari imperet.

Proinde supplico sacratissimæ Majestati Vestræ humillime, ut utrique, Principi scilicet Electori Trevirensi, & Comiti Nassovico &c. authoritate sua Cæsarea præcipiat, quatenus arrestum, tacita causa positum, adeoque justitiæ læsivum quantocius relaxent, & ordinem in statione, quam ei Sac. Vestra Majest. benignissime assignare voluit, persistere sinant &c. Quod cum justitiæ ac æquitati consonum sit, a Zelo sacratissimo Cæsareæ Vestræ Majestatis humillima fiducia nobis polliceri audemus; merebitur autem eo ipso Sac. Majest. Vestra validius sancti Norberti in Cœlis patrocinium, cujus sacratissimis ossibus opportuna sane sollicitudine, miserando licet, justissimo tamen Parthenopolitanorum, in malum usque diem rebellium excidio ereptis, in Regia Pragensi fruitur, & ut in hostium superstitum similem ruinam perfruatur, enixe voveo &c.

Imperatoriæ Vestræ Majestati &c. me humillime inclinans &c.
E Monasterio nostro Steinfeldensi ordinis Præmonstratensis &c.

In dorso
prs. 30. Julii 1631.
Reichshofrath.

Sacratissimæ Regiæ ac Cæsareæ Vestræ Majestatis &c.
humillimus servus & minimus sacellanus.

F. Norbertus Horichem humilis abbas Steinfeldensis & Circuli Westphalici in ord. Præmonstr. Provincialis.

Lit. G.

Lit. G.

Johann Ludwig Graff zu Nassaw Catzenelnbogen, Vianden vnnd Dietz, Herr zu Beylstein ꝛc. Röm. Kays. Mayt. Reichshofrath vnd Cämmerer.

Demnach Wir von Anfang, Alß Wir vnß durch Gottes gnedige erleuchtung zu der Röm. Catholischen Kirchen Lehr vnd Religion bekennet, vnß der trewen hülff Patrum Societatis Jesu zu einführung der obgemelten Christ-Catholischen Religion bey vnßerem Landt vnd Vnderthanen nützlichen gebrauchet, vnndt auch noch inskünftig zu bestettigung vnndt Vortsetzung derselben vnß zuegepräuchen, vnnd deßwegen Ihnen, den Patribus Societatis Jesu, eine beständige Residenz oder Wohnung in vnßeren Landen auß denen von Bäbstl. Hayl. vndt Kays. Mayt. mildist vndt allergnedigst vnnß assignirten vndt vberlaßenen geistlichen güttern, durch gnedige Göttliche Beyhülff zu stüften vndt vffzurichten gemaindt seyndt, aber an deme vnßerem Vorhaben biß dahero durch schwere Kriegs Vnruhe, Landt vndt Leuth verdorben, auch sunsten andere zuefallende Verhindernüßen gehemmet vnndt vffgehalten worden, Sie aber die Patres Societatis nichts destoweniger jetzundt, wie von Anfang, bey vnßerer Hofhaltung vndt vff dem Landt an möglichstem Vleiß nach ihrem instituto nichts ermangeln lassen. Alß seindt wir dahin entschlossen, ihnen alß trewen Arbeitern im Weinberg des Herrn zu ihrem nottwendigen Vff- vndt Vnderhalt die jene obgedachte geistliche gefäll, so in vnßeren Graff- vndt Herrschaften gelegen, sampt vndt sonders zu aßignirten vnd anzuordnen, auch, damit Sie dieselbe fürderlicher brauchen vnndt genüßen können, die Administration vnndt Verwaltung ganz vnndt völlig, biß Wir Sie zu ruhiger aigenthumblicher genzlicher possession vnnd Besitzung bringen mögen, zu vbergeben vnnd vffzutragen, Wie Wir dann hiemit vnndt in Crafft dieses Ihnen den wolgemelten Patribus Societatis Jesu Interioris Provinciæ Rhenanæ alle vndt jede geistliche gefäll vnndt gütter, nemblich dz Closter Beeselich, sampt allen seinen annexis redditibus, die Höff vndt Gütter zu Albach, Offheimb, Eppenrodt, die Brötzen mühl ausserhalb der neun vndt ein halb Malter Korens, so Wir von dem Pfacht hiebevor wieder an Vnnß gelösedt haben, den haberzehenden zu Rotzenheimb, oder wo sonsten in Vnnßeren Graff- vndt Herrschaften etwaß von den Stifft vnndt Clösteren Dietz, Dierstein, Beeselich, Gnadenthall vndt Thron herrührendt, wie selbiges auch gesetzt oder genennt werden möcht, befunden, erfragt oder erkundigt wurde, zue verwalden, administriren, ob- vndt insicht zue haben, zue gebrauchen, vernutzen vnndt zue genüßen völlig vbertragen vnndt verlaßzen, befehlen auch allen vndt jeden, so diese Gütter vor dißmal zue verzinßen, zue bawen, zue berechnen, auch für Pfacht zinß gült oder sonst einigerley weiß inhaben, oder künfftig obigermaßen inhaben werden, dz Sie den P. P. Societatis Jesu, alß von Vnßertwegen verordneten vnd angesetzten Administratoribus vnd Verwaltern, nicht allein die Abnutzung gefäll, gült vndt renthen trewlich vndt genzlich liefferen vnd einhändigen, sondern auch allen ihren anordnungen, sovil die gütter belangen wirdt, dienst vnd gehorsamblich folgen, willig vnd ohnuerbrüchlich nach dem Pflicht vndt aydt, mit welchen Sie vnnß zuegethan vnnd verbunden seindt, nachleben sollen.

Dißes damit es vmb so uiel stetther, vester vndt gewisser gehalten werde, so ist vnser ernst vndt entlicher will, auch wohlbedachte meinung, daß vnnßere Erben vnd nachkomimen, da der gütige Gott vber vnnß, vor vollnziehung vnnßerer intention vndt würcklicher Stifftung eineß Collegii gebietten würde, Sie dahin mit erenst bedacht sein sollen, wie dißes Vnnßer Propositum ins werkh könnte geprachț werden, vnderdessen aber die Wolgemelte Patres Societatis Jesu bey dißer ihrer von vnnß vbertragener Administration lassen, handthaben, schützen, vnndt nach aller möglichkeit befürderen sollen.

So befehlen Wir auch allen vnnßeren Räthen, beampten, vnnd dieneren, daß Sie den Patribus Societatis, oder auch ihren nachgesetzten Verwaltern, Dieneren, Pfacht vnndt Hofleuthen, alle rechts vnndt Ampts hülff vff ihr ansuchen willigst, forderlichst vnnd gerne söllen gedeyhen vnnd widerfahren laßzen, damit, nach vnnßerem hierinn verfaßten willen, Ihnen den Patribus zu besser Verwaltung auch am völligen genuß vnndt abnutzung dißer gütter, zu ihrem Vff vndt Vnderhalt nichts ermangle vnndt abgehe. Vnndt sollen darfür halten, daß sie hieran nicht allein vnnßeren gnedigen willen vollbringen, sondern auch ihrem aydt vnndt pflichten, mit deme Sie vnnß verbunden, ein genüegen thun.

Dessen allen zu Vrkundt haben Wir diß aigenhendig vnterschrieben, vnndt vnnßer gräfflich Secret Insigell vfftrucken lassen. So geschehen zu Hadamar am 28. Jannuarij 1637.

Johann Ludwig
Graue zu Nassaw 2c.

Lit. H.

In nomine sanctissimæ & individuæ Trinitatis amen.

Tenore præsentis publici Instrumenti, cunctis idipsum visuris, lecturis, seu legi audituris, pateat evidenter & sit notum, quod anno a nativitate Domini nostri Jesu Christi MDCXXXIIX. indictione sexta, Pontificatus Sanctissimi in Christo Patris ac Domini nostri D. Urbani, istius nominis octavi, divina providentia summi Pontificis, anno ejusdem decimo sexto: Die vero Lunæ, qui erat vicesimus Imus mensis Juny, Hadamariæ in arce Illustris & generosissimi Domini, D. Joannis Ludovici Comitis de Nassau, Catzenelenbogen, Vianden & Dietz, Domini in Beilstein, Sacræ Cæsareæ Majestatis Consiliarii & Camerarii, in ambitu inferiore orientem respiciente, & PP. Societatis consueto conclavi, coram me notario, testibusque infra scriptis fide dignis, personaliter constitutus Reverendus in Christo Pater Petrus Christianus Winckelman, Societatis Jesu Sacerdos, & Missionis Nassovicæ Superior,

Superior, literas pontificias anno 1631. datas, & anno 1637. confirmatas protulit, in quibus supra dicto Illustrissimo & generosissimo Comiti Joanni Ludovico &c. in favorem Societatis Jesu, ad fundationem cujusdam Collegii & Seminarii, donabantur bona quædam Ecclesiastica in Nassovia constituta, & ab Illustrissimis Comitibus Nassovicis pie fundata, speciatim vero Collegiata in Dietz, Monasteria Beselich, Dierstein, Gnadenthal & Thron. Quarum Literarum executio cum Illustrissimo Nuncio Apostolico commissa esset, verum continuis bellicorum tumultuum seditionibus, aliisque noxiis temoris hucusque præpedita, ostendit actualis & realis executionis demum factæ literas in pergameno, a Reverendissimo & Illustrissimo Domino D. Martino Aliferio, Sedis Pontificiæ in partibus Germaniæ inferioribus Legato & Nuncio de Latere, obtentas & obsignatas: atque constitutionem a R. P. præposito provinciali Petro Ruldio sibi datam per se ipsum (uti Bulla Pontificia & Domini Legati expeditio permittunt) nomine Societatis possessionem vel quasi adeundi: quam constitutionem cum Bulla Pontificia & Reverendissimi D. Nuncii executione ad manus mihi Notario exhibuit, declarando, se nunc vigore Brevis, Executionis & Constitutionis, actualem & realem possessionem vel quasi Collegiatæ & Monasteriorum supra dictorum apprehendere velle; & est tenor earum sequens:

Tenor Brevis Apostolici & Executionis Illustrissimi D. Nuncii.

Gloriosissimo Principi & Domino D. Ferdinando, Romanorum Imperatori, electo semper Augusto, Germaniæ, Hungariæ, Bohemiæ, Croatiæ & Sclavoniæ Regi, Archiduci Austriæ, Duci Burgundiæ, aliorumque Dominiorum catholicorum felicis prosperitatis augmentum, ac Serenissimis, Eminentissimis & Reverendissimis S. R. I. Electoribus, Ecclesiasticis Illustrissimis ac Reverendissimis in Christo Patribus & Dominis Archiepiscopis, Episcopis, eorumque & cujuslibet ipsorum Vicariis, Generalibus, Officialibus, universis quoque & singulis DDis. Abbatibus, Prioribus, Præpositis, Decanis, Archidiaconis, Scholasticis, Cantoribus, Thesaurariis, Sacerdotibus, Sacristis, tam Cathedralium quam Collegiatarum, Canonicis Parochialium Ecclesiarum Rectoribus, seu locum tenentibus, eorundem plebanis, Viceplebanis, Capellanis, Curatis & non Curatis, Vicariis perpetuis, altaristis, ceterisque presbyteris, Clericis, Notariis, ac Tabellionibus publicis, quibuscunque, ubicunque constitutis, & eorum cuilibet in solidum. Nec non Excellentissimis & Nobilibus viris dominis Principibus, Ducibus, Marchionibus, Comitibus, Baronibus, Militibus, armigeris gentium & armorum Conductoribus ac Rectoribus, Barigellis quoque Capitaneis, Potestatibus, Prioribus, Mareschallis, Castellanis, cæterisque Justitiæ Ministris, & eorum cuilibet in solidum, Martinus Alifer Dr. & Apostolicæ sedis gratia Episcopus Insulanus, sanctissimi D. N. D. Urbani divina providentia Papæ octavi, & ejusdem sanctæ sedis ad Tractum Rheni, & alias inferioris Germaniæ partes cum potestate Legati de Latere Nuncius, & ad infra dicta ab eodem sanctissimo D. N. specialiter atque expresse Deputatus, salutem in Domino. Noveritis, qualiter pro parte Illustrissimi Comitis Joannis Aloysii de Nassau, Catzenelenbogen, Vianden & Dietz, Domini de Beilstein, Consiliarii & Camerarii Sacræ Cæsareæ Majestatis, fuerit Nobis, cum instantia executionis ejusdem, præsentatum Breve Sanctissimi Domini Nostri Urbani Papæ VIII. prædicti non cancellatum, non abolitum, sed omni prorsus suspicione carens, sub annulo piscatoris, & die quarta mensis Augusti anno Domini Millesimo

 Sexcen-

Sexcentesimo Trigesimo Septimo, Pontificatus vero ejusdem Sanctissimi Domini nostri decimo quarto tenoris, consequeritis, videlicet: Urbanus Papa VIII. venerabilis frater salutem & Apostolicam benedictionem. Alias a nobis emanarunt literæ tenoris subsequentis, videlicet: Dilecto filio nostro, & Apostolicæ sedis in partibus inferioris Germaniæ Nuncio. Urbanus Papa VIII. Dilecte fili, & salutem & apostolicam benedictionem. Etsi Romanum Pontificem omnes, qui Christiano nomine censentur, paterna decet Charitate complecti, iis tamen æquum est plura & uberiora pastoralis benignitatis argumenta præbere, qui arma lucis induentes errorum tenebras depellere, impietatemque profligare nituntur, quandoquidem sicuti in omnibus maxime laudatur, ita in principibus, viris, quorum exempla in cæteros manare, virtutesque in æternæ saluris via creditis sibi populis prælucere consueverunt, summopere expetendum est. Hæc igitur nobis ob oculos proponentes, nec non etiam laboriosam atque indefessam, quam Societas Jesu in militantis Ecclesiæ agro colendo & vepribus purgando, salutaribusque Ecclesiasticæ disciplinæ sementis irrigando, inter cæteros illius cultores assidue navant operam, intra cordis nostri arcana assidue revolventes, merito inducimur, ut ad ea, per quæ ejusdem Societatis Collegiis pro suis necessitatibus, & oneribus sublevandis, congrua subventionis auxilia subministrari valeant, libenter intendamus, atque in his pastoralis officii nostri partes favorabiliter interponamus, prout rerum & temporum qualitatibus debite pensatis conspicimus salubriter expedire. Sane Dilectus filius Joannes Aloysius Comes de Nassau-Catzenelenbogen nobis nuper exponi fecit, quod ipse catholicæ religionis exercitium in eam Comitatus de Nassau partem, quæ sibi in divisione bonorum paternæ hereditatis inter ipsum ac fratrem & nepotes suos facta obvenit, restituere plurimum desiderat, & ad hunc effectum dilectis filiis Patribus dictæ Societatis, quorum etiam opera ipse Joannes Aloysius Comes fidem catholicam suscepit, uti intendit. Cum autem, sicut eadem expositio subjungebat, in loco de Dietz Trevirensis Diœcesis quædam Collegiata Ecclesia olim per Comites de Nassau hujusmodi pro duodecim Canonicis fundata, in qua ab eo tempore, quo Comites ejus prædecessores a fide Catholica defecerunt, ministri Ecclesiasticæ amplius nunquam fuerunt, & insuper non longe ab eodem loco unum de Dierstein sancti Benedicti, ac aliud de Beselich Præmonstratensis, dictæ Trevirensis, & aliud de Thron Cisterciensis Moguntiuensis, nec non reliquum de Gnadenthal etiam Cisterciensis ordinum prædictæ Trevirensis respective Diœcesis Monialium Monasteria, in quæ, post introductam in dictum Comitatum illique adjacentes seu vicinas provincias Calvinisticam hæresim, nullæ aliæ Moniales introductæ fuerunt, verum illorum fructus, reditus & proventus cum in propriorum Ministrorum hæreticorum usus, tum etiam in ipsorum & cujusdam scholæ, in qua impiæ Calvini hæreses docebantur, manutentionem, hactenus conversi sunt, reperiantur; Idem Joannes Aloysius operæ pretium futurum existimavit, si Ecclesia & Monasteria hujusmodi ordinibus prædictis, ac omni illorum essentia & existentia regularibus respective apostolica authoritate perpetuo suppressis & extinctis, Ecclesia & Monasteria ipsa eidem Societati Jesu, pro uno illius Collegio, uno quoque puerorum Ecclesiastico seminario, inibi erigendis concederentur: fructus vero Ecclesiæ & Monasteriorum hujusmodi, quæ omnino destituta sunt, cum omnibus juribus & pertinentiis universis, eisdem, Collegio & Seminario, pro illorum dote & manutentione, onerumque eis incumbentium supportatione applicarentur & appropriarentur, cum ex hoc profecto fieret, ut ejusdem Societatis Presbyteri juxta salubria eorum instituta, prædictorum & finitimorum locorum juventutem in Catholica religione, & doctrina christiana,

ſtiana, bonisque moribus & diſciplinis imbuerent & inſtruerent, hæreſium & damnatarum opinionum contagium illis partibus adhuc graſſans reprimerent, & fidei Catholicæ ſinceritatem ibidem conſervarent, aliaque pia & ſalubria miniſteria ad publicam utilitatem & ſalutem jugiter obirent. Quare pro parte dicti Joannis Aloyſii, Aſſerentis fructus, reditus & proventus, Eccleſiæ & Monaſteria hujusmodi cum illis forſan annexis, ſummam Mille & Sexcentorum ducatorum auri de camera, vel circiter ſecundum communem æſtimationem annuatim in ſimul non excedere: Nobis fuit humiliter ſupplicatum, ut ſuper præmiſſis opportune providere de benignitate apoſtolica dignaremur. Nos igitur, qui dudum inter alia voluimus, quod petentes, beneficia Eccleſiaſtica aliis uniri, tenerentur exprimere verum annuum valorem, ſecundum communem æſtimationem, tam beneficii uniendi, quam illius, cui aliud uniri peteretur: Alioquin unio non valeret, & ſemper in unionibus commiſſio fieret ad partes, vocatis, quorum intereſt, & idem obſervari voluimus in quibusvis ſuppreſſionibus, perpetuis conceſſionibus, & dismembrationibus & de quibusvis fructibus & bonis Eccleſiaſticis, egregium Catholicæ religionis zelum in Domino commentantes, ipſumque a quibusvis excommunicationis, ſuſpenſionis & interdicti, aliisque Eccleſiaſticis ſententiis, cenſuris & pœnis a jure vel ab homine quavis occaſione vel cauſa latis, ſi quibus quomodolibet innodatus exiſtit, ad effectum præſentium duntaxat conſequendum, harum ſerie abſolventes, & abſolutum fore cenſentes, nec non Eccleſiæ & Monaſteriorum hujusmodi vacationum modos, etiamſi ex illis quævis generalis reſervatio etiam in corpore juris clauſa reſultet, præſentibus pro expreſſis habentur, hujusmodi ſupplicationibus inclinati. De venerabilium fratrum noſtrorum S. R. E. Cardinalium, negotiis Palatinatus præpoſitorum conſilio, Tibi per præſentes committimus, & mandamus, ut Eccleſiam & Monaſteria prædicta, ſicut præfertur deſtituta, quovis modo & ex quorumcunque perſonis, ſeu per liberas reſignationes, vel ceſſionis quorumvis de illis, illorumque regimine & adminiſtratione in Romana Curia, vel extra eam, etiam coram notario publico & teſtibus ſponte factas, vacent, etiam ſi tanto tempore vacaverint, quod eorum ac dictæ eccleſiæ canonicatuum & præbendarum aliorum beneficiorum Eccleſiaſticorum proviſio juxta Lateranenſia ſtatuta concilii, aut alias Canonicas ſanctiones ad ſedem apoſtolicam legitime devolutas exiſtant, & illa ex quavis cauſa ad ſedem eandem ſpecialiter vel generaliter pertineat, ac ſuper illorum regimine & adminiſtratione inter aliquos lis ſeu illorum poſſeſſorio vel quaſi moleſtia, cuius ſtatum etiam præſentibus haberi volumus pro expreſſo, pendeat indeciſa: Dummodo tempore datæ præſentium non ſit eisdem Monaſteriis de abbatiſſis canonice proviſum, aut Canonicatus & præbendæ, aliaque beneficia hujusmodi, aliis collatæ non exiſtant, cum illorum annexis ac omnibus juribus & pertinentiis ſuis, Collegio & Seminario erigendis hujusmodi ex nunc, prout poſtquam erecta fuerint, ita, quod liceat, illorum Rectori ſeu Rectoribus, Presbyteris & Clericis pro tempore exiſtentibus per ſe vel alium, ſeu alios, eorum ac Collegii & Seminarii hujusmodi nominibus corporalem, realem & actualem poſſeſſionem, ſeu quaſi regiminis & adminiſtrationis bonorum Eccleſiæ ac Monaſteriorum prædictorum propria auctoritate libere apprehendere & apprehenſam perpetuo retinere, ac illorum fructus, reditus & proventus, jura, obventus & emolumenta quæcunque percipere, exigere, levare, locare, arrendare, adminiſtrare, atque in uſus, neceſſitates & utilitatem Collegii & Seminarii erigendorum hujusmodi convertere, Diœceſani loci, vel cujusvis alterius licentia deſuper minime requiſita, auctoritate noſtra Apoſtolica perpetuo applices & appropries, ac in dictis Monaſteriis ſancti Benedicti, Ciſterciensis ac Præmonstratensis ordines & regulas, omnemque illorum & Collegiatæ hujusmodi statum, essentiam & dependentiam regulares respective eadem auctoritate perpetuo similiter supprimas & extinguas, nec non præsentes literas, etiam ex eo, quod superiores ordinum prædictorum & quicunque alii in præmissis interesse habentes, seu habere prætendentes, illis non consenserint, nec ad ea vocati, minusque causæ, propter quas illæ emanarint coram loci ordinario, etiam tanquam sedis prædictæ Delegato, sive alias examinatæ, verificatæ, vel justificatæ non fuerint, de subreptionis & obreptionis seu nullitatis vitio, aut intentionis nostræ, vel quopiam alio defectu notari, impugnari, retractari, annullari, vel invalidari, seu in jus vel controversiam vocari, aut ad viam & terminos juris reduci, sive adversus illas quodcunque juris gratiæ vel facti remedium impetrari aut concedi nullatenus unquam posse, sed illas semper & perpetuo validas, firmas & efficaces fore & esse, neque sub quibusvis similium & dissimilium gratiarum revocationibus, suspensionibus, limitationibus, derogationibus, aut aliis contrariis dispositionibus, etiam per nos & Successores Romanos Pontifices pro tempore existentes, ac sedem prædictam sub quibuscunque verborum expressionbus & formis, pro tempore quomodo libet factis, nullatenus unquam comprehendi vel confundi, sed semper ab illis excipi, & quoties illæ emanabunt, toties in pristinum & validissimum statum restitutas, repositas & plenarie redintegratas, ac de novo etiam sub quacunque posteriori Data per Rectorem & Collegiales prædictos, Collegii & Seminarii prædictorum quandocunque eligenda concessas esse & fore, suosque plenarie & integros effectus sortiri & obtinere, sicque per quoscunque judices ordinarios & delegatos, quavis auctoritate fungentes, etiam Causarum Palatii Apostolici auditores, & S. R. E. Cardinales & de Latere Legatos, ac Vice Legatos, dictæque sedis Nuntios judicari & definiri debere, ac irritum & inane siquid secus super his a quoquam, quavis auctoritate scienter vel ignoranter contigerit attentari, eadem auctoritate nostra decernas & declares. Super quibus omnibus & singulis plenam & amplam Tibi per præsentes facultatem impartimur. Non obstantibus præmissis ac Nostris de Unionibus committendis ad partes vocatis, interesse habentibus, ac de exprimendo vero & annuo valore secundum æstimationem prædictam, tam beneficii uniendi, quam illius, cui fit unio; nec non Lateranensis nomine celebrati uniones perpetuas nisi in casibus a jure permissis fieri prohibentur, aliisve quibusvis apostolicis, ac in universalibus provincialibusque, & Synodalibus Conciliis editis generalibus vel specialibus constitutionibus & ordinationibus, ac Ecclesiæ, Monasteriorum & ordinum prædictorum, etiam juramento, confirmatione Apostolica, vel quavis firmitate alia roboratis statutis & consuetudinibus, privilegiis quoque indultis & literis Apostolicis, illis eorumque superioribus & personis, sub quibuscunque tenoribus & formulis, ac cum quibusvis etiam derogatoriarum derogatoriis, aliisque efficacioribus & insolitis clausulis irritantibusque, & aliis decretis in genere, vel in specie, etiam motu proprio & ex certa scientia, ac consistorialiter & iteratis vicibus in contrarium forsan quomodolibet concessis, confirmatis & innotatis. Quibus omnibus etiamsi de illis eorumque totis tenore specialis, specifica, expressa & individua, ac de verbo ad verbum, non autem per clausulas generalis idem importantes mentio, seu quævis alia expressio habentur, aut aliqua alia exquisita forma ad hoc servanda foret, illorum omnium tenor præsentibus pro expressis habentur illis alias in suo robore permansuris, hac vice duntaxat specialiter & expresse derogamus, cæterisque contrariis quibuscunque. Datum Romæ apud Sanctum Petrum sub annulo piscatoris die XII. Apr. MDCXXXI. pontificatus nostri anno octavo.

Cum

Cum autem, ſicut dictus Joannes Aloyſius Nobis nuper exponi fecit, Venerabilis frater Petrus Aloyſius Epiſcopus Tricaricenſis, tunc noſter & ſedis praedictae in partibus inferioris Germaniae Nuntius, poſtquam prae-inſertas literas hujusmodi cœpiſſet executioni demandare, a nuntiatura hujusmodi receſſerit, dictus vero Joannes Aloyſius easdem praeinſertas literas noſtras omnimodae executioni demandari ſummopere deſideret; Nos dictum Joannem Aloyſium amplioribus favoribus & gratiis perſequi volentes, & a quibusvis excommunicationis, ſuſpenſionis & interdicti, aliisque eccleſiaſticis ſententiis, cenſuris & pœnis a jure vel ab homine quavis occaſione vel cauſa latis, ſi quibus quomodo libet innodatus exiſtit, ad effectum duntaxat praeſentium conſequendum, harum ſerie abſolventes & abſolutum fore cenſentes, ſupplicationibus ejus nomine nobis ſuper hoc humiliter porrectis inclinati, fraternitati tuae per praeſentes committimus & mandamus, ut ad totalem atque omnimodam prae inſertarum literarum noſtrarum hujusmodi executionem autoritate noſtra procedas, in omnibus & per omnia, perinde ac ſi illae a principio tibi nominatim & in ſpecie directae fuiſſent. Non obſtantibus omnibus illis, quod in iisdem prae inſertis literis voluimus non obſtare, caeterisque contrariis quibuscunque. Datum Romae apud ſanctam Mariam majorem ſub annulo piſcatoris die IV. Auguſti MDCXXXVII. pontificatus noſtri anno decimo quarto. Signatum M. A. Maraldus. A tergo vero inſcriptum: Venerabili fratri Martino, Epiſcopo inſulano moderno & pro tempore exiſtenti noſtro, & ſedis Apoſtolicae in partibus inferioris Germaniae Nuntio. Volentes propterea ad Brevis hujusmodi per Nos humiliter recepti executionem juxta praeciſum ejusdem tenorem & formam devenire & mandatis apoſtolicis in eo reſpective contentis, ut par eſt, obedire, praevia diligenti informatione atque inquiſitione ſuper veritate omnium narratorum, mediantibus teſtium depoſitionibus, nec non publicis & legalibus documentis, abunde de ordine noſtro ſumpta, & ſignanter ſuper eo, quod Monaſteria in Brevi Apoſtolico nominata, & in his praeſentibus inferius nominanda ſub dato primi inſerti Brevis de Abbatiſſis proviſa minime reperiantur, quodque Canonicatus aliaque beneficia in eodem expreſſa nemini de dicto tempore collata exiſtant, & reditus tam Collegiatae, quam Monaſteriorum, in Brevi Apoſtolico expreſſorum, ad utilitatem haereticorum cedant; authoritate in hac parte qua fungimur Apoſtolica ſupradictam in Brevi nominatam & expoſitam Collegiatam Eccleſiam de Dietz, nec non Monaſteria Gnadenthal, Dierſtein, Thron, & Beſelich, cum illorum annexis ac omnibus juribus & pertinentiis ſuis, Collegio Societatis Jeſu & Seminario puerorum Eccleſiaſtico in Comitatu Naſſovienſi, ut ſupra eligantur, ex nunc, prout poſtquam erecta fuerint, in perpetuum unimus, annectimus, appropriamus & incorporamus, ita, quod liceat eorum Rectori, ſeu Rectoribus, Presbyteris & Clericis, pro tempore exiſtentibus, per ſe, vel alium, ſeu alios, ac eorum Collegii & Seminarii hujusmodi nominibus corporalem, realem & actualem poſſeſſionem ſeu quaſi, regiminis & adminiſtrationis bonorum Eccleſiae Collegiatae ac Monaſteriorum praedictorum propria auctoritate & libere apprehendere, & apprehenſam perpetuo retinere, ac illorum fructus reditus & proventus, jura, obventus & emolumenta quaecunque percipere, exigere, levare, locare, arrendare, adminiſtrare, atque in uſus, neceſſitates & utilitatem Collegii & Seminarii praedictorum, ut ſupra erigendorum, convertere; Diœceſani cujuslibet loci, aut cujusvis alterius licentia minime requiſita, nec non in praedictis Monaſteriis ſancti Benedicti, Ciſtercienſis & Praemonſtratenſis ordines & regulas, omnemque illorum & Collegiatae ſtatum, eſſentiam & dependentiam regulares reſpective ſub derogationibus, declarationibus, prohibitionibus

nibus, irritationibus in supra dicto Brevi contentis, auctoritate Apostolica supprimimus & extinguimus. Decernentes ex nunc, prout ex tunc, irritum & inane, siquid secus super his contigerit attentari; nec non ex nunc, siquid contra supra dicti Brevis dispositionem, etiam praetextu alicujus recursus, sive alio quaesito colore quavis auctoritate etiam provisionaliter, post Datam supra memorati Brevis, & ante Datam praesentium nostrarum fuerit attentatum. Declarantes id totum a Commissione executionis dictae Brevis Apost. separatum penitus & disjunctum, nec non extra delegatam in eodem facultatem, & ad alios fines & effectus, & ex diversa occasione & auctoritate decretum & emanatum. Quocirca omnia & singula praemissa vobis omnibus & singulis supra dictis & vestrum cuilibet in solidum tenore praesentium insinuamus & notificamus, & ad vestram & cujuslibet vestrum notitiam deducimus per praesentes, vosque & vestrum quemlibet in solidum tenore praesentium requirimus, quatenus statim, postquam pro parte ante nominati Domini Comitis Joannis Aloysii sive RR. Patrum Societatis Jesu, per superiores suos deputatorum seu deputandorum, ad institutionem, regimen & directionem antedicti Collegii & Seminarii, ut supra erigendorum, fueritis requisiti, seu vestrum aliquis fuerit requisitus, eosdem imploranres in corporali, reali & actuali, quieta ac pacifica possessione, seu quasi ususfructus & proprietatis, respective jurium & dominii supra dictorum Monasteriorum & Collegiatae unitorum respective manuteneatis, defendatis, nec permittatis, seu vestrum aliquis permittat, eosdem nominatos Patres Societatis Jesu super praemissis aliqualiter molestari, perturbari, vel inquietari, seu quomodolibet impediri. Vosque omnes supra nominati Ecclesiastici inhibeatis, & vestrum quilibet, qui super his requisitus fuerit, praesenti auctoritate nostra inhibeat, omnibus & singulis, quibus opus fuerit, sub interdicto ingressus Ecclesiae, ac excommunicationis, suspensionis, aliisque Ecclesiasticis sententiis, censuris & pœnis, quarum absolutionem Serenissimo D. N. & Nobis, praeterquam in mortis articulo, & paritione praevia, reservamus, & quibus Nos etiam ex nunc, prout ex tunc, tenore praesentium sic inhibemus, ne supra dictos Patres, super praemissis quoquo modo, etiam quovis quaesito colore, praetextu, vel ingenio molestare, perturbare, inquietare, seu quomodolibet impedire praesumant. Suam Caesaream Majestatem, caeterosque Principes, tam Ecclesiasticos, quam Seculares, & quoscunque alios in praesentibus nominatos, ad praemissa efficaciter adimplenda, in Domino benigne hortamur. In quorum omnium & singulorum fidem & testimonium, has praesentes manu nostra subscripsimus, & sigilli nostri jussimus & fecimus appensione muniri. Datum Coloniae in palatio solitae nostrae residentiae, die septima mensis Junii, Anno Domini Millesimo Sexcentesimo Trigesimo Octavo; Pontificatus autem Serenissimi D. N. D. Urbani Papae octavi anno 15to.

Martinus, Episcopus Insulanus, Nuncius & Delegatus Ap.

De Mandato suae Illustrissimae Celsitudinis & Domini mei.

Hermannus Bex.

De Mandato Illustrissimae suae Celsitudinis.

Jac. Sarona, publicus sacris Apostolica atque Imperiali authoritatibus Not.

Porro

Porro Constitutio R. P. Provincialis, qua illi Reverendo P. Christiano jam dicto fiebat potestas nomine Societatis Jesu commemorata bona Ecclesiastica adeundi, est illa, quam hic ipsam exhibemus, & incipit Petrus Ruidius &c.

His perlectis, recognitisque sigillis & subscriptionibus idem Reverendus Pater constitutus omnia haec, & quae deinceps circa hunc actum apprehensionis possessionis fierent & agerentur, fideliter adnotari & in Instrumentum redigi petiit. Atque eadem hora & die, cum ipso Reverendo Patre constituto, ego Notarius, cum requisitis testibus, versus Dietz iter fecimus, quocum intra 12am & 1mam horam pervenissemus, contulimus Nos ad Collegiatam Ecclesiam; sed introitus Nobis jam praeclusus erat, neque spes resignationis propter acatholicos Ministros Ecclesiae illius, & adversos incolas civitatis ostendebatur; itaque dictus Pater Collegiatam Ecclesiam una Nobiscum circuivit, per foramina & rimas, quas ostia fecerant, introspexit, &, in vim Bullae Pontificiae, item Reverendissimi & Illustrissimi D. Nuntii Apostolici Executorialium, annulum ostii primarii dictae Collegiatae apprehendit, protestando, quod cum aliter aditum habere & possessionem capere non liceret, per apprehensionem hanc, & dimissionem annuli, possessionem vel quasi memoratae Ecclesiae apprehensam esse vellet.

Sic inde ad Monasterium Dierstein non procul dissitum progressi sumus, quo circa horam 3tiam pomeridianam pervenimus, ubi nisi rudera et olim jacta fundamenta structurarum videre erat, proinde dictus Pater, postquam locum illum desolatum passim obivisset, intravit aedes coloni hujus Monasterii, quem cum foris esse per relictam aliquam fœminam cognosceret, in nostra praesentia focum accessit, ferramentumque camini apprehendit, levavit et demisit; postmodum januam domus aperuit et iterum clausit; in agros et adjacentes sylvas prospexit, et sic animo et corpore possessionem vel quasi Monasterii hujus Dierstein cum pertinentiis apprehendit, unde adventante vespero domum regressi sumus.

Sequenti die solis 27. Junii anni currentis, iterum vigore Bullae Pontificiae, literarum executorialium D. Nuntii et constitutionis, ab eodem Reverendo Patre Christiano Winckelman Societ. Jesu ego Notarius una cum testibus requisitus eum ad Monasterium Gnadenthal committatus sum, quem locum intra 6am et 7am vespertinam pertigimus. Ipse Pater pariter possessionem loci illius apprehendere cupiens, a duobus praesidiariis militibus ab aditu et introitu prohibetur, qui ab Illustrissimis Dominis Comitibus de Dietz illic constituti fuerant, hinc cum fores reserare nollent, dictus Pater primo se ad ostium templi contulit, introspexit, manus ad ostium apposuit, postea portam anteriorem, deinde posteriorem in circumferentiis et areis Monasterii accessit, attigit, annulum levavit et demisit, obambulavit paulisper et tandem pertransivit aream, et per hoc possessionem vel quasi hujus Monasterii in Gnadenthal cœpit.

Altera die, quae erat 28. ejusdem perreximus versus Monasterium Thron, quo intra 3am et 4am pomeridianam devenimus; nullum ibi hominem, sed omnia omnino devastata, aperta, et corrupta conspicientes, circuivit dictus Pater una nobiscum totam domum, visitavit templum, conscendit Cathedram, clausit et aperuit januam templi, quaesivit et decerpsit fructus, obivitque locum passim, declarando, se per hujusmodi actus hujus Monasterii possessionem vel quasi, modo, quo in Brevi Apostolico et Executione Domini Nuntii permissum est, capere. Acta sunt haec anno, die, hora, loco, quibus supra, in praesentia mei infra scripti Notarii et Testium Andreae Otto de Egra et Joan. Scheffer von Spangenberg, fide dignorum et debite requisitorum testium.

Sabbati, quae erat 31 Julii ao. 1638. ad requisitionem R. P. Christiani Winckelman Societ. Jesu et Domini constituti comparui una cum infra scriptis testibus intra horam 9nam et decimam antemeridianam in Monasterio Bœselich, ubi praedictus D. constitutus, denuo repetendo Breve Pontificium, item executionem Domini Nuntii et constitutionem suam proposuit, quatenus ejusdem Monasterii Bœselich possessionem vel quasi, in praesentia mei Notarii et Testium apprehendere vellet, in eumque finem se mecum ingredi aedes dicti Monasterii, arripere annulum domus, claudere et reserare ostium, visitare conclavia, obire hortum et alia loca, item curare pulsari campanam templi, in eoque divina peragere velle, prout idem Pater aedes ingressus est, annulum apprehendit, ostium clausit et reseravit, domum visitavit, hortum et alia loca obivit, pulsari campanam curavit, et tandem divina ipsemet in templo peregit; atque hoc modo jam dicti Monasterii Bœselich et supra dictorum locorum possessionem vel quasi cum omnibus juribus annexis et pertinentiis omnibus melioribus, modo, via et forma, quibus potuit aut debuit, apprehendit. Super quibus omnibus et singulis praedictis R. P. Dominus constitutus sibi a me Notario infra scripto unum vel plura petiit confici atque tradi Instrumenta. Acta sunt haec anno, Indictione, Pontificatu, die, hora et loco, quibus supra; praesentibus Nobili et eximio Joanne Nassaw, et Joanne Wilhelmo Langen Capitaneo, testibus fide dignis, ad hunc actum mecum rite vocatis et rogatis.

Lit. I.

Zue wissenn, Demenach zwischen deme im Julio deß letzt entgangenen Sechzehenhundert drey vnndt Viertzigsten Jahrß, bey deme Closter Beeselich gehaltenen Markt nachbarliche Vngelegenheitten entstandten, inn deme ettliche Grävliche Nassaw Catzenelenbogische Hadamarische Vnterthanen auß Steinbach, daselbsten, vff des Hochwohlgebornen Gravens vnndt Herrn, Herrn Mauritzen, Gravens zue Wiedt, Herrn zue Runckell vndt Ysenburg ꝛc. befehlen, gehn Runckell gefänglich geführet, daselbsten in Vncosten vnndt straaffen gezogen, vnndt gepracht, Auch einer verwundet: vndt daraußer ferners vnnterschiedliche Arresten vnndt angriff verahnlasset, zuuorn auch ohnnachbarliche Verbott, vnndt dergleichen Verfahrungen verübet wordten, so sindt vermittelst vielerhandt von beyden Grävelichen Nassaw Catzenelenbogischen vndt Wiedt Runckelischen theilen, gewechselter vndt vorgangener schrifften endlich zwischen deß Hochgebornen Gravens vndt Herrn, Herrn Johann Ludwigens, Gravens zue Nassaw Catzenelenbogen, Viandten vnndt Dietz ꝛc. Herrn zue Beylstein ꝛc. der Röm. Kays. Mayt. geheimen vnndt Reichs Hofraths Cammerers

rers vndt zue denen Allgemeynen Friedens Tractaten Abgesandtens, heymbgelassenen Canzley Director vnndt Räthen, auf Ihrer Excell. Gnädiges nachgeben an Einem: vnndt Hochwohlgedachtem Herrn, Herrn Mauritz Christianen, Graven zue Wiedt, Herrn zue Runckell vndt Isenburgk &c. am andern theile, doch ohne einigen Abbruch, nachtheil, oder gefahr, deren beyderseithß Herrschafften, Vnnterthanen vndt Inwohner habender Rechten vnndt Gerechtigkeitten, solche misseln dahin an jetzo güetlich verglichen, daß Anfänglich Hochwolgemeldter Herr Mauris Christian, Grave zue Wiedt Runckell, wegen obgeregter straaffen, Verwundungen vnndt Vncosten dißmahl, bey beyderseiths außliefferung dieses Vergleichs, Fünffzig Reichsthaler, baar zur Canzley gehn Hadamar liefferen: darnach denen Herrn Patribus Societatis zue würcklichen Bezahlungen, Deroselbenn inn Ihrer Gn. Obrig- vndt Vortmäßigkeitt hinderständiger Pfächten, pensionen, gülten vnndt Renthen, ohne ferners Vffhalten verhelffen. Drittens Johanneßen Schuppen zue Obernhadamar deren Ihme, wegen Abhohlung seines Ochßens von Heckholzhausen, abgeforderten straaff erlassen: vnndt den vff seiner Schuppens Hauß frauen vnndt kinder Wieße zue Obernteiffenbach gelegten Arrest, oder Außstechung, relaxiren vnndt caßiren soll vnndt will; dargegen dan auch die ahn Gräfelicher Nassaw Catzenelenbogischer seithen denen Grävelichen Wiedt Runckelischen Vnterthanen, vnndt Deroselbigen mobilien zue Obernhadamar angelegte Arresten vffgehoben vnndt abgeschafft werdten sollen.

Damitt aber auch inskünfftig bessere Nachparschafft möge gehalten werdten, So ist verglichen, daß hinfüro die Arresten vnndt dergleichen Executions mittell beyder seiths eingestellt vnndt vnterlassen: dargegen wan ein oder ander theil, oder desselbigen angehörige Vnterthanen, Hindersassen, Inwohner, vnndt demeselben zum Verspruch oder Hülff stehende Partheyen ahn den andern theil, oder desselbigen Vnnterthanen, Beysaaßen, Innwohner, oder erwehntermaaßen zue gehörige, einige Sprüch oder forderungen haben, oder zue haben vermeynen, Alßdan die Obrigkeitt, darunter der Jänige, so besprochen werdten will, gesessen ist, gebührlich anlangen, daruff Alßdann dieselbige Obrigkeitt rechtsgebührende Hülff, vnndt rechtliche Verpflegung, ohne Vffhalten oder Vmbtreyben mittheylen vndt leysten: Alßo andere ohnnachbarliche Weytterungen jeglichen Orths vorkommen vnndt abgewendet; Ferners auch, zue nechstbequemlicher Witterungszeit, der gränzen gang zwischen beyden Herrschafften Hadamar vnndt Runckell, sonderlich bey Beeselich gehalten, verglichen, schrifftlich verfasset, vndt beyderseits mit Vnterschrifften vndt Siegelungen soll vollnzogen werdten.

So viel nun den zwischen Hochermeltem Herrn Graven Mauritz Christianen, vnndt denen Herrn Patribus Societatis zue Obernhadamar strittigen Aß vff deme Closter Beeselich anreicht, so ist solche sach vor dißmahl zue Aller theilen künfftigen güetlichen beylegung oder rechtlichen ausführung ausgesezt. Dessen zue wahrer Uhrkundt sindt dieser Vergleichungs Abschied zween gleichlaudent von beyden theylen vnnterschrieben vnndt vnnterßiegelt außgefertiget, vnndt jeglichem theyl einen zuegestellt worden; Alles trewlich vndt ohne gefehrdte. Geschehen am 1/2 Februarÿ des Sechzehenhundert vier vnndt vierzigsten Jahrs.

Von wegen des hochgebohrnen Gravens vndt Herrn, Herrn Johann Ludwigens Gravens zue Nassaw Catzenelenbogen, Vianden vndt Dietz, Herrn zue Beylstein ꝛc. der Röm. Kays. Mayt. geheimen vndt Reichshofraths Cammerers, vndt zue denen Allgemeinen Friedens Tractaten Abgesandtens, vnsers gnädigen Gravens vnndt Herrn, Ihrer Excellenz anheymbgelassene Räthe vnd von Ihrentwegen Wolfgangus Ficinus D. Director mppr.

Auf des hochwolgebornen Grafens vndt Herrn, Herrn Mauritz Christians, Gravens zue Wiedt ꝛc. meines gn. Herrns Gn. Begehren vndt zuuor von Deroselbigen selbst vorgedruckten gewöhnlichen Gräfl. Secrets vnderschrieben von mihr

Inwalrabenstein
mppr.

Daß vorstehende Abschrifft dem in hiesigem Fürstl. Archiv befindlichen, mit dem Gräflichen Siegel versehenen, Original von Wort zu Wort gleichlautend sey, wird hiermit beschienen. Dillenburg den 11. Jun. 1776.

In fidem
M. Dresler,
Fürstl. Oran. Naß. Rath und
Regierungs Secretarius.

Lit. K.

Lit. K.

Inſtrumentum Fundationis Reſidentiæ perpetuæ Societatis Jeſu Hadamariæ.

Anno 1652. 3. Octobris.

In Nomine Sanctiſſimæ & individuæ Trinitatis, amen &c.

Nos Dei gratia Joannes Ludovicus, Princeps de Naſſaw, Comes de Catzenelenbogen, Vianden & Diez, Dominus in Beilſtein, Eques aurei Velleris, & S. C. Majeſtatis Conſiliarius intimus & Camerarius &c.

Notum facimus, & ad poſterorum memoriam conteſtamur, quod anno incarnationis Domini noſtri Jeſu Chriſti 1652. die 3. Octobris, Innocentii X. Papæ anno 8. regnante potentiſſimo Principe Ferdinando III. Romanorum Imperatore ſemper Auguſto, anno Imperii ejus 17. indictione 5. pro majore Dei omnipotentis gloria, & pro noſtra, & Domus noſtræ ac ſubditorum Noſtrorum ſalute in oppido Noſtro Hadamaria Naſſoviorum, Principatus Noſtri ſede, ſtabilem & perpetuam fecerimus Reſidentiæ Societatis Jeſu fundationem in ſpem futuri Collegii: ſicut hoc ipſo eandem facimus, & hoc publico Inſtrumento, & auctoritate Noſtra confirmamus, prout ſequitur.

Poſteaquam Divinæ Bonitati placuit, Nos ab ineunte ætate in Calvinianis erroribus enutritos gratiæ ſuæ radiis illuſtrare, atque anno hujus Sæculi 29. in aula Cæſarea negotiorum ergo conſtitutos ad avitam Catholicam fidem, & ſanctæ Matris Eccleſiæ gremium opera Societatis Jeſu reducere, mox ſubditorum quoque noſtrorum tum adhuc ab annis 80. in iisdem erroribus hærentium ſalus unice cordi eſſe cœpit, & quia Nobis non tantum publico aliorum Principum teſtimonio, ſed etiam experientia propria conſtabat, quantum laudatiſſimæ Societatis doctrina, virtus & ardens propagandæ fidei zelus in inſtituendis & ad veræ fidei lumen reducendis animis valeret, continuo domum reverſi aliquot Societatis operarios expetivimus & impetravimus, quorum indefeſſo labore effectum fuit, ut intra breve tempus ſubditos Noſtros prope omnes, qua concionando, qua catechizando fidei orthodoxæ rudimentis imbuerint, & ſectas contrarias ex Ditione Noſtra univerſa eliminarint.

Qua de cauſa ut pro tanto in Nos & ſubditos Noſtros beneficio a Societate impenſo grati animi monumentum aliquod ſtatueremus, & porro fidem orthodoxam in animis ſubditorum recenter plantatam per inſtitutionem continuam juventutis fovere, & contra praedictas ſectas adhuc circumquaque in vicinis comitatibus graſſantes præmunire, nec non Agnatis Noſtris aliisque propinquis Comitibus occaſionem intelligendæ veritatis præſtare poſſemus, ad Collegii Societatis Jeſu fundationem animum ſerio adjecimus, ut, quos fidei primos inſtructores Dei beneficio nacti eramus, eosdem conſervatores & propagatores perpetuos habere liceret.

Et ut Collegii fructus copioſior in univerſam Provinciam Noſtram redundaret, ſeminarium addendum putavimus, ex quo opportuno tempore Paſtores idonei Dominici gregis educerentur. Quem in finem ſuppeditabantur bona quædam Eccleſiaſtica, a laudatiſſimis Majoribus Noſtris pie olim fundata, partim in Nostro, partim in Agnatorum Nostrorum adhuc Acatholicorum territorio sita, quæ post prævium consensum Invictissimi Cæsaris Ferdinandi II. Anno 1630. 26. Augusti diplomate Cæsareo sancitum S. D. N. URBANUS Papa VIII. demississimae supplicationi Nostræ annuens, Collegio Societatis Jesu & seminario in Ditione Nostra fundando, incorporanda & perpetuo unienda clementissime concessit Bulla desuper data Ao. 1631. 12. Aprilis, quæque deinde Ao. 1641. 29. Maji contra aliorum Religiosorum impugnationes in Curia Romana evicta & Societati confirmata fuerunt.

Bona vero hæc sunt: Ecclesia Collegiata in Dietz, Monasteria Beselich, Dierstein, Gnadenthal, cum dimidio Throni Deipare siti in Dynastia Wertheim, Archiepiscopo Trevirensi & Nassovicis communis, quæ simul juncta ad amplam Collegii & seminarii fundationem sufficere poterant. Verum quia potissima eorum pars in Agnatorum Acatholicorum territorio sita erat, nunquam ob adversos belli motus iis simul frui licuit, nihilominus omnia sic unita Societati in prædictum finem Ao. 1617, 12. Febr. obtulimus in futurum possidenda, ac re ipsa quidem ea, quæ in Ditione & potestate Nostra eo tempore deprehendebantur. Quam oblationem grato animo acceptavit R. P. Petrus Ruidius, eo tempore Provincialis, & Residentia Societatis in oppido Nostro Hadamaria hucusque usurpavit.

Cum autem vigore tractatuum nuperæ Germanicæ pacis Ao. 1648. 24. Octobris conclusæ Monasterii Westphaliæ, pleraque illa bona Agnatis Acatholicis restituta essent, atque illi insuper restitutionem Monasterii Beselich (quod jure territorii aliisque titulis Nobis propria intentione Nostra vindicare conabamur) vigore fraterni contractus in divisione paternæ hereditatis inici pro sua quota prætenderent, ac desuper Commissionem Imperialem obtinuissent, transegimus cum prædictis Agnatis per privatos amicabiles tractatus, & aliorum quorundam bonorum commutationem Ao. 1650. 4. Junii, erecto desuper publico Instrumento, ut Nobis omne jus suum & prætensionem in prædictum Monasterium Beselich, nec non Molendinum Broczianum, vulgo Brötzermühle (quod antehac ad Collegiatam Ecclesiam in Dietz spectabat) una cum duabus villis in Ollheim & Olbach eadem spectantibus, integre & in perpetuum ad liberrimam Nostram dispositionem cesserint & resignarint.

Quia ergo media illa locupletiora pro Collegio fundando per tractatus pacis Germanicæ Nobis erepta, atque eatenus contractus antecedentes de facto cassati sunt, reliqua vero pro Collegii fundatione, præsertim cum aliqui eorum reditus ex præteritis belli temporibus adhuc incerti sint, non sufficere judicantur, ac quia nihilominus admodum R. P. Goswinus Nickel, Societatis Jesu Præpositus Generalis, ut pro suo in Nos prolixo affectu petitioni Nostræ (quantum per leges instituti Societatis licet) satisfaceret, & benevolum nostrum affectum, & piam pro conservatione subditorum in Catholica fide intentionem promoveret, annuit in literis ad Nos datis anno 1652. 24. Aug., se in defectu mediorum pro Collegio nunc admittendo, Residentiam perpetuam Societatis, in qua tres classes Grammatices docerentur, conservaturum, & suffragia, gratique animi memoriam, quantam Nostra benevolentia beneficentiaque exigerent, decreturum, posthac etiam ipsum Collegium admissurum, ubi reditus stabiles & non impediti ad mille Imperiales ascenderint, atque in hoc casu Nos Fundatorum privilegiis decoraturum, Nosque eam oblationem grato animo acceptavimus in responso dato 22. Septembris.

Ea

Ea oblatione & conditione perpetuæ Residentiæ freti offerimus in eum finem denuo prædicta bona Nobis ab Agnatis Acatholicis, ut dictum est, integre legitimeque ad Nostrum arbitrium cessa, atque antehac prævio consensu S. C. Majestatis a sede apostolica, una cum aliis bonis Ecclesiasticis (nunc per pacis Tractatus ad Agnatos Acatholicos revolutis) Societati concessa & incorporata, atque contra impugnatores in Curia Romana evicta, ut supra memoratum fuit. In specie vero: primo Monasterium Beselich, cum omnibus juribus & pertinentiis, prout hæc & alia in apposita designatione sub dato 3. Octobris anni 1652. specificantur. Et quia in supra dicta privata transactione cum Agnatis villam majorem in Schuppach, ad Monasterium Beselich spectantem, Academiæ Herbornensi Acatholicæ relinquere coacti sumus, ejus loco duas alias villas in Offheim & Olbach, olim ad Collegiatam Ecclesiam in Dietz spectantes, substituimus, similiter cum omnibus juribus & pertinentiis.

Secundo. Supra dictum molendinum Brotzianum. Tertio. In augmentum fundationis adjicimus 70. Imperiales ex reditibus parochialibus oppidi Nostri Obern Hadamar, ea conditione, ut cura animarum sit penes Parochum, conciones vero & catechismi cum confessionibus, seu jure audiendi confessiones, penes Societatem. Quarto. Pro habitatione vero assignamus domum in oppido Nostro Hadamar e regione arcis sitam, cum adjacente Horto, prout eam emimus Ao. 1649. 1 Dec. a Nobili Domino Joanne Ludovico Langenbach vigore instrumenti emtionis desuper erecti. Deinde novam domum contiguam hoc anno a Nobis in eum finem erectam, quas domus insuper in usum Societatis plenius accommodare & perficere, nec non clausuram Religiosis convenientem, erecto versus plateas muro seu pariete, constituere spondemus.

Quia vero ex prædictis bonis quorundam permutatio propter lites aliasque difficultates Residentiæ magis conducere videtur, ac Nobis constat, Societatem post oblationem acceptatam in nullam permutationem posse condescendere, reservamus Nobis posterisque Nostris duntaxat potestatem ea permutandi, & æquipollentia sive in immobilibus, sive in pecunia surrogandi, ea tamen conditione, si id utrinque Nobis, vel posteris Nostris & Societati placuerit, & utrinque inter Nos conventum fuerit, ideoque hic vel rem præsentem, vel æquipollentem pro lubitu Societatis acceptandam offerimus.

Atque hæc prædicta omnia tenore & auctoritate præsentium cedimus cum omnibus suis juribus, privilegiis & pertinentiis, & quicquid juris & prætensionis Nobis & posteris ratione illorum competit, vel ulla ex causa vel respectu competere posset, id totum Residentiæ prædictæ offerimus, donamus ac tradimus, cum omni illa libertate, exemptione ac privilegiis, quibus alia quæcunque bona ejusdem Societatis auctoritate sedis Apostolicæ gaudere ac frui solent; salvo tamen Nobis jure Nostro superioritatis & protectionis, quod, prout alii pii Principes, Nobis ac posteris Nostris per expressum reservamus, salvo item jure totali venationis circa Monasterium Beselich, quod Nobis Nostrisque heredibus totum omnino reservamus. Jus vero hospitalitatis, vulgo dictum die Atzung, prout per emtionem pagi Oberadiefenbach a Comitibus de Wied, Dominis in Runckel, illud nobis Anno 1649. acquisivimus, pure libereque pro Nobis ac posteris Nostris cedimus & Residentiæ condonamus.

Quinto. Cum satis manifestum sit, Patres ac Professores Societatis ea potissimum de causa huc advenisse, ut indefesso labore suo in communem omnium salutem promovendam incumbant, totique Patriæ Nostræ juxta vocationem suam servire parati sint, *hanc illis gratiam & favorem Nos debere existimamus, ut omnia illorum privilegia*, exemptiones & immunitates tam ad Residentiam ipsam, quam scholas pertinentes, quas ipsis sedes Apostolica, vel S. C. Majestas, vel jus commune concesserunt, clementer concedamus, & confirmemus, sicut hoc ipso easdem concedimus & confirmamus.

In specie vero omnia illorum bona temporalia, mobilia & immobilia libera & excempta esse volumus ab omnibus oneribus civilibus, ab omnibus vectigalibus, exactionibus, servitiis & impostis, similibusque gravaminibus, quibus prædicta bona, cum ab aliis tenerentur, subjecta & obnoxia fuerunt; ita tamen, ut per hoc nequaquam Colonos & Pachtarios a jurisdictione & superioritate Nostra exemtos esse velimus, sed inprimis illi Villici & Coloni, qui Nostri originarii subditi sunt, & propria bona immobilia possident, tam de personis, quam bonis immobilibus propriis ad onera sua & gravamina, instar aliorum subditorum originariorum, juxta proportionem obligati maneant, *de emolumentis autem, & bonis mobilibus frugum, equorum & pecoris in bonis conductis Patrum enutriendis, emaritis, & acquisitis, quamdiu villici sunt & manent, nihil omnino in posterum, nec servitia ratione bonorum a Residentia conductorum præstare teneantur.* Exceptis tamen impostis (vulgo accisis dictis) vini & cerevisiæ, si ea in quocunque Ditionis Nostræ loco vendi contingeret, nec non vervecibus ex pastu Nobis integre more subditorum solvendis vel scindendis. *Quod si vero aliunde colonos villarum accersiri opus esset, permittimus, eos, quando bona propria immobilia in Nostro territorio non possident, & quamdiu villas Patrum conductas habent, non inter Nostros Originarios & adscripturios*, attamen inter subditos Nostros communi jurisdictioni & superioritati Nostræ quoad personas illorum Nobis subjectas censeri, *inprimis itaque a pretio remissionis, quod a mortuis & discessuris pendi solet, tales exteros villicos omnino liberos*, similiter etiam ab omnibus tributis pecuniæ precariæ, Leibbed vulgo, & gallinarum personarium, ut vocant, exactionibus, contributionibus, collectis impostis, servitiis sive personalibus, sive jumentorum, *omnibusque aliis gravaminibus atque oneribus, cujuscunque ea nominis & appellationis sint, sive in pecunia, sive alia quacunque qualitate constent, sive ipsorum personas, sive jumenta, sive reditus & emolumenta ex frugibus & pecore (quæ in conductis Patrum bonis crescunt, enutriuntur & acquiruntur) concernant, omnimode tempore, quo illas conductas villas tenent, exemptos esse* volumus; Exceptis itidem in his colonis & villicis, sicuti in Nostris originariis vini et cerevisiæ accisis, vervecibus ex pastu, pœnis et mulctis, si in criminalibus, vel aliis pœnalibus delictis deprehendantur, ita et omnibus oneribus de quibusvis aliis immobilibus bonis propriis, si illa acquisierint more aliorum subditorum Nobis Nostrisque posteris debite solvendis et præstandis.

Atque hæc fere sunt, quæ in institutione ac fundatione Residentiæ perpetuæ admodum R. P. Goswino Nickel, Societatis Jesu Praeposito Generali offerre decrevimus, sicut et hoc ipso eidem offerimus, plurimum confidentes, quod admodum Reverenda sua Paternitas hanc Nostram piam voluntatem et donationem, quam exulcerata haec tempora voto et designatione Nostra exiliorem reddiderunt, pro necessaria fidei Catholicae conservatione, et salute subditorum Nostrorum approbatura et acceptatura sit, juxta mentem et intentionem Nostram, quae hoc maxime spectat, ut dicta Residentia ita a Nobis fundata Religiosis et eruditis viris pro quantitate proventuum dictae

funda-

fundationis instruatur, qui juxta vocationem, institutum, et procedendi modum Societatis Jesu in literis Apostolicis, nec non in Constitutionibus et Regulis ejusdem Societatis expressum consueta Societatis munia et sacras functiones in oppido hoc et tota Ditione Nostra exercere, et tam in erudienda in tribus Grammaticae classibus juventute, quam Concionibus, Catechesibus, piis Exhortationibus habendis, et sacramentorum administratione, ad docendum et confirmandum populum Nobis subjectum fructuose incumbere et laborare valeant. Quae omnia fidei zelo, et industriae ejusdem Societatis et Superiorum illius committimus, nihil dubitantes, quin ea fideliter et constanter praestituri sint, quae ad majorem Dei gloriam, ad catholicae Religionis incrementum, & subditorum Nostrorum salutem promovendam pertinere judicabunt.

Hoc vero maxime Nobis de gratitudine hujus Nostræ Residentiæ, adeoque totius ordinis, promittimus, quod, quas preces, suffragia & sacrificia Societas pro hujusmodi Fundatore ex instituto Deo offerre consuevit, eadem pro Nobis, pro Domo ac Posteris Nostris, sive vivis, sive defunctis, singulari cura & devotione a Superioribus indicenda & procuranda sint. Omnino autem confidimus, si futuris temporibus vel Nos, vel Posteri Nostri collaboraturi sint, ita ut reditus stabiles & non impediti juxta præscriptum ad mille Imperiales, sive ex bonorum præsentium melioratione, & in pristinum statum restitutione, qui tempore pacis antehac fuit, juxta præmemoratam redituum designationem, computum & appretiationem, sive ex aliorum additamento ascenderint, tum Societatem juxta promissionem in prædictis literis admodum R. P Goswini Nickel, Societatis Jesu Præpositi Generalis, expressam, Collegium ipsum admissuram, & Nos cæteris fundatorum privilegiis decoraturam.

Ad extremum, ut hæc fundatio Nostra tanto plus roboris ac stabilitatis apud posteritatem obtineat, spondemus & pro Nobis, & Posteris Nostris sancte promittimus, quod omnia illa supra memorata, quæ pro eadem fundatione impetravimus, obtulimus, donavimus & liberaliter concessimus, perpetuis temporibus observare, defendere & contra impugnatores quoscunque (quoad jure fieri potest) propugnare velimus. Ac proinde severe prohibemus, ne quisquam omnino subditorum Nostrorum, cujuscunque ordinis ac status sint, hanc fundationem Nostram impugnare, turbare, violare aut prædictos Patres contra ipsorum privilegia gravare, impedire, aut lædere, tam quoad personas, ac sacra illorum Ministeria, quam quoad bona ac possessiones, & liberum earum usum, directe vel indirecte præsumat.

Mandamus insuper omnibus & singulis Nostris Officialibus, Præfectis, Consiliariis, Prætoribus, Judicibus aliisque Ditionis Nostræ Magistratibus, & Ministris, ut, quoties in re aliqua, præsertim in reditibus exigendis, tradendo frumento vendibili, *minutiis censuum tollendis & ad pauciora capita revocandis*, recognoscendis limitibus agrorum Residentiæ, in assignanda certa hypotheca, pactis seu censibus, in tollendis litibus cum Runckelianis, in illiquidis & incertis recuperandis, vel quibuscunque aliis illorum auxilium & protectionem contra adversarios quoscunque prædicti Patres requisiverint, & imploraverint, toties iisdem omni modo licite & pro viribus succurrantur, & tueantur, ut dictæ Residentiæ integra sit & pacata bonorum suorum possessio, & secure sacra sua Ministeria juxta vocationem suam exercere queant.

In quorum omnium fidem & confirmationem, has donationis, cessionis, assecurationis Literas sigillo & manu propria Nostra communivimus. Anno, Mense & Die, ut supra &c.

(L.S.) Johannes Ludovicus,
Princeps de Nassau.

Lit. L.

Extract von weyl. Fürsten Johann Ludwigs zu Nassau-Hadamar zum Jesuiter Collegio fundirter Güther de anno 1652. 3. Octobris.

Nos Dei Gratia Joannes Ludovicus Princeps de Nassaw, Comes de Catzenelenbogen, Vianden & Dietz, Dominus in Beilstein &c. Eques Aurei Velleris, & Sacr. Cæsar. Majest. Consiliarius intimus & Camerarius &c. Notum facimus, quod cum singulari Nostro erga laudatissimam Societatem Jesu amore & affectu, nec non ejusdem Societatis virtute, doctrina, zelo ac reali opera in Nos, Nostram domum ac subditos in consuetis ejusdem functionibus hactenus impensa, & imposterum impendenda, permoti, Collegium apud Nos Hadamariæ instituere a pluribus annis decreverimus, media vero ampliora in hunc finem assignata, per pacem Germaniæ Ao. 1648, 24. Octobr. Monasterii Westphaliæ conclusam, erepta sint, & quæ reliqua manebant, non sufficere pro Collegii fundatione in eo statu judicabantur, ac nihilominus admodum Reverendus Pater Goswinus Nickel, Præpositus Generalis Societatis Jesu, ut, pro suo prolixo in Nos affectu, petitioni Nostræ (quantum per leges instituti Societatis licet) satisfaceret, & benevolum Nostrum affectum & piam intentionem promoveret, annuerit in Literis ad Nos datis Ao. 52. 24. Augusti, se in moderno defectu mediorum pro Collegio nunc admittendo, Residentiam perpetuam Societatis conservaturum, ac posthac etiam Collegium admissurum, ubi reditus stabiles et non impediti ad mille Imperiales ascenderint &c. ut fusius videre est in Instrumento Fundationis hoc eodem tempore erecto. Id vero fieri debeat vel ex bonorum præsendum per bella præterita magnopere destructorum & desolatorum melioratione, & in pristinum statum restitutione, qui tempore pacis antehac fuit, vel ex aliorum redituum accessione; Ea de causa necessarium esse duximus, ut bonorum nunc pro Residentia perpetua oblatorum specificam designationem, computum & appretiationem inter Nos & Societatem communi consensu, approbatione & acceptatione statueremus, prout hic in sequentibus statuimus; unde constet, quantum suo tempore, ubi hæc bona in pristinum statum restituta fuerint, addendum a Nobis vel Posteris Nostris sit, ad præscriptos mille Imperiales pro Collegii fundatione complendos.

Villæ & bona Monasterii sita in territorio seu jurisdictione Dominii Runckel, Comitis de Wied Acatholici.

Schuppach.

Majorem villam hujus loci, ut vocant, coacti sumus relinquere Academiæ Herbornensi Acatholicæ in transactione cum Agnatis Acatholicis habita Ao. 1650. 4. Junii, ut in Instrumento Fundationis dictum est. Hinc proveniebant

Maldra	Siliginis	- - -	12 - 9 mod.
	Avenæ	- - -	2 - 9 mod.
	Tritici	- - - -	- - 2 mod.
	Pisorum	- - - -	- - 2 mod.

quæ propter alienationem factam hic non computanda. Ejus loco substitutæ sunt duæ aliæ villæ in Offheim & Olbach & molendinum Brotzianum, de quibus infra.

Manent

Manent etiamnum in eodem districtu quatuor villæ hoc nomine

1) der Bach oder finster Hoff
2) deß Dickenbachs Höffgen
3) Johan Nassawers Hoff
4) sine nomine der Maulhoff oder Wiebelshoff genandt.

Ex his una cum censu hæreditario aliorum agrorum annue proveniunt

Maldra	Siliginis	- - -	33 - 2 mod.
	Tritici	- - -	6 - - mod.
	Pisorum	- - -	- - 8 mod.
	Avenæ	- - -	5 - 5 mod.

Millis	- - - -	2½ mensuræ.
Ceræ	- - - -	5 ℔.
Anseres	- - -	5.
Gallinæ	- - -	14.
Galli	- - - -	4.
Pecuniæ	- - -	11. flor. 6 alb. 6 Pf.
facit	- -	92. Imp. 38 alb. seu 139. flor. 8 alb.

Hoben.

Hic villa una est, unde, cum adjuncto censu hæreditario medii maldri siliginis, proveniunt

Maldra	Siliginis	- - - -	12½ mald. modo termino 7. mldr.
	Tritici	- - - -	2 mod. m. 4. modii.
	Pisorum	- - - -	2 mod.
	Avenæ	- - - - -	1 mald. ooo. nihil.

Ceræ	- - - - -	1 ℔. m. 2.
Gallinæ	- - - -	3 modo term. 2.
Pecuniæ	- - - -	19 alb.
facit	- -	28 Imp. 44 alb. seu 43 flor. 14 alb.

Seelbach.

Ex hæreditariis censibus agrorum

Siliginis	- - - - -	5 maldra sind nit gangbar.
Ceræ	- - - - -	1 ℔. ooo. nihil modo datur.
Gallinæ	- - - - -	2. ooo. nihil modo dat.
Pecuniæ	- - - - -	1 flor. 5 alb. ooo. nihil modo dat.
facit	- -	11. Imp. 10 alb. seu 16 flor. 25 alb.

Gaudernbach.

Ex villa & censu annuo

Maldra	Siliginis	- - - - -	3 - 10 mod. term. 1 mald. & 3 modii.
	Avenæ	- - - - -	2. ooo. dat.
	Pecuniæ	- - - - -	4 Pf. ooo. dat.
	facit	- - - -	11 Imp. 30½ alb. seu 17 flor. 15½ alb.

Wirbelaw.

Ex villa & censu

Maldra	Siliginis - - - - -	4. ooo. nihil.
	Avenæ - - - - -	1½. ooo. nihil.
	Pecuniæ - - - -	8 alb. termino 4 alb. im Stockregister inveniuntur ooo. nihil percipitur.
	Anseres - - - -	2. NB. Ist nichts gangbar.
	Gallinæ - - - -	5.
	Ceræ - - - - -	2 ℔.
	facit - -	12½ Imp. 8 alb. seu 19 flor. ½ alb.

Heckholthausen.

Ex villa & censu

Maldra	Siliginis - - - - -	2½. ooo. nihil modo percipitur.
	Avenæ - - - - -	6 mod. ooo. nihil modo percipitur.
	Pecuniæ - - - -	1 flor. 3½ alb. ooo. nihil.
	Gallinæ - - - - -	3. ooo. nihil.
	facit - -	7 Imp. 3½ alb. seu 10. flor. 18½ alb.

Haselbach.

Sub Jurisdictione Weilburgensi Comitis de Nassaw Acatholici.

Ex villa & censu

Siliginis - - - - -	9½ mod. termino ½ mald. alternis annis.
Avenæ - - - - -	1½ sext.
Pecuniæ - - - - -	7 alb. 7 Pf. ooo.
Anser - - - - -	1. ooo.
Gallina - - - - -	1. ooo.
facit - -	2½ Imp. seu 3 flor. 11 alb. 2 Pf.

www.ingramcontent.com/pod-product-compliance
Lightning Source LLC
Chambersburg PA
CBHW020231090426
42735CB00010B/1641
9783743640047